la cuisine au wok

la cuisine au wok

Adaptation : Marie-Françoise BOILOT-GIDON

ÉDITIONS FRANCE LOISIRS

© 2003 Octopus Publishing Group Ltd
© 2003 Tana éditions pour l'adaptation française

Éditions du Club France Loisirs, Paris
avec l'autorisation de Tana éditions

Éditions France Loisirs,
123, boulevard de Grenelle, Paris
www.franceloisirs.com

ISBN : 2-7441-7010-0
N° éditeur : 39543
Dépôt légal : octobre 2004

Droits réservés. Toute reproduction ou représentation, intégrale ou partielle, par quelque procédé que ce soit, du présent ouvrage est interdite sans l'accord préalable de l'Éditeur.

Imprimé en Chine

10 9 8 7 6 5 4 3 2 1

NOTES

Sauf indication, utilisez de gros œufs. Certaines recettes de ce livre contiennent des œufs crus ou légèrement cuits : les personnes sensibles telles que les femmes enceintes, les mères qui allaitent, les malades, les personnes âgées, les bébés et les jeunes enfants doivent les éviter, pour prévenir tout risque de salmonellose. Une fois préparés, ces plats doivent être mis au réfrigérateur et consommés rapidement.

Sauf indication, utilisez du lait entier.

Certaines recettes de cet ouvrage sont à base de cacahuètes ou de dérivés. Il est conseillé aux personnes présentant des allergies ou susceptibles d'en développer – femmes enceintes, mères qui allaitent, malades, personnes âgées, bébés et jeunes enfants – d'éviter les plats préparés avec des cacahuètes et de l'huile d'arachide (celle-ci peut être remplacée par une autre huile végétale). Vérifiez l'éventuelle présence d'arachide et de dérivés sur les étiquettes des ingrédients préemballés au moment de l'achat.

Sommaire

Introduction   6

Amuse-bouches   12

Vite prêt   34

Le meilleur de l'Asie   56

Cuisine santé   76

Découverte des épices   100

Il est préférable d'utiliser du poivre fraîchement moulu.

Utilisez de préférence des herbes fraîches, sauf indication. Si vous les remplacez par des herbes séchées, diminuez la quantité de moitié.

Préchauffez le four à la température indiquée. Si vous utilisez un four à chaleur tournante, suivez les instructions du fabricant pour la durée de cuisson et la température.

Les végétariens s'assureront que les fromages utilisés sont faits à partir de pressure végétarienne. Il existe des variétés végétariennes de parmesan, feta, cheddar, cheshire, red leicester, dolcelatte et de nombreux fromages de chèvre.

Occasions spéciales   118

Tentations sucrées   140

Préparations de base   152

Index   158

Remerciements   160

Introduction

Les woks sont utilisés dans tout le Sud-Est asiatique. En général en acier au carbone, leur forme incurvée permet l'utilisation de hautes températures. Leur fond bombé s'adapte à la flamme et les parois profondes permettent aux cuisiniers expérimentés de remuer et de faire sauter les ingrédients avec adresse et dextérité.

Depuis des siècles, les woks sont utilisés comme ustensiles de cuisine. Ils sont en général employés pour faire sauter les aliments, mode de cuisson rapide et simple. La cuisine au wok est parfaitement adaptée à notre mode de vie trépidant, car la plupart des plats se préparent très rapidement et ils offrent l'opportunité de pouvoir goûter les multiples ingrédients exotiques qui nous sont désormais proposés.

La cuisine au wok est fondamentalement saine, car la nourriture est cuite rapidement et la majorité des éléments nutritifs est ainsi conservée. De plus, dans la plupart des plats, on n'utilise qu'une petite quantité d'huile, pas de produits laitiers, et même le gras de la viande rouge est retiré avant la cuisson. La plupart des recettes de ce livre proviennent d'Asie, de pays aux traditions culinaires aussi diverses que la Malaisie, l'Indonésie, le Vietnam, la Thaïlande et la Chine.

Certaines font appel à des ingrédients spécifiques ou des assaisonnements inhabituels qui sont présentés pages 74-75 et 116-117.

Cuisiner au wok

Bien que l'on puisse faire sauter les aliments facilement dans une poêle à fond épais, un wok est bien mieux adapté. C'est un grand récipient métallique à fond bombé et aux parois évasées, ce qui permet une diffusion maximale de la chaleur. Grâce à sa profondeur, on peut remuer et faire sauter les ingrédients sans les renverser. En raison des hautes températures utilisées, n'ajoutez que peu d'huile, pour éviter que les aliments n'adhèrent. Vous pouvez les ramener sur les côtés du récipient, hors de l'huile, ils continueront à cuire à la forte chaleur.

Les woks sont toutefois polyvalents et peuvent servir pour d'autres modes de cuisson : braiser, cuire à la vapeur, frire, ce qui les rend très utiles. Les woks s'utilisent sur le gaz et sur les plaques électriques. On trouve aujourd'hui des woks à fond plat. C'est l'idéal pour les plaques électriques.

Choisir un wok

Choisissez un wok de grande taille (35 cm de diamètre), avec des parois profondes et un couvercle qui s'ajuste bien. Le métal et le revêtement du wok ont leur importance. Certains peuvent être difficiles à nettoyer, tandis que d'autres passeront au lave-vaisselle. Les woks peuvent être munis de deux poignées ou anses arrondies en métal, ou d'un manche en bois. Ce dernier modèle est plus sûr, car il protège mieux des projections d'eau ou d'huile bouillante.

Le wok traditionnel chinois
Le wok chinois en acier au carbone est le plus populaire, même en Occident. Il est idéal pour faire sauter les aliments, car il conduit bien la chaleur et chauffe rapidement. Cependant, il faut le préparer avant de l'employer pour la première fois (voir page 8) et l'utiliser correctement pour l'empêcher de rouiller. Si vous devez le gratter parce que de la nourriture a accroché sur les parois, vous devrez à nouveau le préparer. Les woks traditionnels en acier sont très pratiques pour une utilisation fréquente, mais ils ont tendance à rouiller si on ne s'en sert pas pendant de longues périodes.

Le wok à revêtement antiadhésif
Les woks à revêtement antiadhésif sont plus chers que les woks traditionnels. Il est inutile de les préparer avant la première utilisation, et cela modifie légèrement

la saveur de la nourriture. Vous ne pouvez pas les utiliser sur forte chaleur, ce qui présente un inconvénient pour faire frire rapidement, et beaucoup de fabricants recommandent de ne pas les préchauffer avant d'y verser l'huile. Cependant, ils offrent l'avantage de se nettoyer facilement, ce qui est très pratique. Achetez des ustensiles adaptés, afin d'éviter de rayer le revêtement antiadhésif.

Le wok en acier inoxydable

Les wok en acier inoxydable supportent les hautes températures et conviennent bien aux cuissons des plats sautés, braisés et des plats vapeurs. Vous pourrez en trouver à fond plat, adaptés aux plaques électriques et au gaz. Ils se lavent facilement et peuvent durer des années.

Les accessoires du wok

L'égouttoir
C'est un panier en métal qui s'adapte sur le bord intérieur, d'un côté du wok. Vous pouvez y placer les aliments cuits, qui s'égoutteront tout en restant chauds pendant que vous continuez à cuisiner. C'est utile quand vous cuisinez en plusieurs fois.

Le couvercle
En forme de dôme, il est essentiel si vous utilisez le wok pour cuire à la vapeur. Vous pouvez utiliser un couvercle ordinaire, s'il s'ajuste bien, ou, éventuellement, du papier d'aluminium.

Le support ou cercle
C'est un anneau métallique muni de trous de ventilation conçu pour assurer la stabilité d'un wok à fond arrondi sur une plaque de cuisson.

La grille
C'est une petite grille ou trépied qui se place au fond du wok, au-dessus d'une petite quantité d'eau, pour la cuisson à la vapeur.

Le panier vapeur en bambou
Vous pouvez empiler ces paniers. Ils ont chacun un couvercle. Les plus grands sont plus pratiques, car il y a plus d'espace pour l'eau en dessous.

La louche
On utilise souvent une petite louche quand on cuisine au wok. Elle sert à ajouter du liquide aux aliments et à les enlever du wok quand ils sont cuits. L'acier inoxydable est préférable, car les louches en bois ou en plastique brûlent facilement.

La spatule en bois ou la cuillère
Utilisez-la pour remuer et retourner les ingrédients dans le wok et pour servir.

Les baguettes
Elles servent aussi pour remuer, retirer ou ajouter des ingrédients dans le wok. Il existe de grandes baguettes spéciales pour cuisiner.

L'écumoire
Vous l'utiliserez pour retirer les aliments cuits du wok. Elle est particulièrement recommandée pour les fritures, car elle permet à l'huile de s'égoutter.

Les paniers pour friture
Utilisez un grand panier pour frire de petites quantités. Placez les aliments dans le panier, plongez celui-ci dans l'huile bouillante jusqu'à cuisson complète. Retirez-les et égouttez-les.

Les paniers métalliques
De petits paniers métalliques avec poignées en bambou sont utilisés pour plonger les aliments dans l'huile bouillante pour la friture, ou les en sortir, ou pour les retirer d'un fond de braisage. Ils permettent, comme les paniers pour friture, à l'huile ou au liquide de s'égoutter quand on retire les aliments.

La brosse en bambou
On utilise ce fagot de tiges de bambou fendues pour nettoyer le wok de manière traditionnelle, sans utiliser d'abrasif (voir « Préparer un wok », ci-contre).

Les planches à découper
Hacher au couteau est une technique essentielle dans la plupart des recettes pour wok. Il est donc nécessaire de vérifier que vous avez les planches adéquates. Utilisez des planches différentes pour les aliments crus et cuits. Du bois épais est le choix le plus courant, mais le polyéthylène rigide est idéal pour la volaille, car il peut être stérilisé et mis au lave-vaisselle.

De bons couteaux
Un choix de couteaux de cuisine de bonne qualité pour émincer et hacher les ingrédients frais rendra votre travail plus sûr et plus agréable. Utilisez un couteau à lame fine pour le découpage en lanières et les préparations de légumes, et un couteau plus épais pour découper la viande. Vous pourrez également avoir besoin d'un couteau grand et lourd ou d'un couperet pour couper les os.

Le pilon et le mortier
Cet ustensile traditionnel est utilisé pour piler les graines et les épices et les réduire en poudre. L'intérieur des mortiers en céramique est habituellement non émaillé, donc légèrement abrasif. On trouve aussi des pilons et des mortiers en métal ou en bois, bien que ces derniers soient d'utilisation moins pratique.

Préparer un wok

Tous les woks, excepté les modèles à revêtement antiadhésif, sont recouverts par les fabricants d'un film de gras ou de cire pour les protéger de la rouille. Avant d'utiliser votre wok, vous devez retirer ce film puis préparer le wok afin de pouvoir vous en servir pendant de nombreuses années.

● Chauffez le wok à forte température, jusqu'à ce qu'il soit très chaud. Laissez refroidir suffisamment pour pouvoir le tenir, et frottez-le avec un tampon abrasif ou une brosse dans de l'eau chaude et savonneuse. Remettez-le sur le feu pour le faire sécher.

● Frottez la surface du wok avec un papier absorbant imbibé d'huile végétale, puis chauffez le wok jusqu'à ce que l'huile fume. Cela évitera qu'il ne rouille et rendra la surface antiadhésive. Laissez refroidir le wok et essuyez le surplus d'huile avant de le ranger, prêt à l'emploi.

● Après utilisation, rincez le wok à l'eau chaude, sans détergent. Utilisez une brosse dure pour détacher les morceaux de nourriture. Séchez soigneusement, puis essuyez l'intérieur avec un papier absorbant imbibé d'huile. Recommencez à chaque utilisation de votre wok, et vous obtiendrez une surface lisse, brillante et antiadhésive.

● Si vous utilisez peu votre wok et qu'il rouille, frottez-le et préparez-le à nouveau.

Modes de cuisson

Les modes de cuisson les plus courants au wok sont faire sauter, cuire à la vapeur, braiser et frire.

Faire sauter

Il s'agit simplement de frire les aliments dans une petite quantité d'huile à forte température. Cela permet de saisir et de cuire la nourriture très rapidement tout en lui conservant sa saveur, sa texture et sa couleur. La clé de la réussite de cette cuisson est d'avoir pesé, haché ou découpé tous les ingrédients avant de chauffer le wok, car la cuisson ne prend que quelques minutes.

Quand vous cuisinez plusieurs ingrédients, ajoutez-les séparément, en commençant par ceux qui demandent la plus longue cuisson.

Frire

Un wok est pratique pour faire frire des quantités relativement petites de nourriture. Versez une petite quantité d'huile, jamais plus de la moitié du wok, car le niveau monte quand elle est chauffée et que l'on ajoute les aliments. Il est préférable de cuire les ingrédients par petites portions. Assurez-vous toujours que les aliments soient bien séchés avant de les plonger dans l'huile, afin d'éviter les éclaboussures.

Cuire à la vapeur

La cuisson à la vapeur est une façon très saine de préparer la nourriture. Elle permet de préserver la saveur, la texture et la couleur des ingrédients. La nourriture est placée sur une grille ou un trépied au-dessus d'un peu d'eau en ébullition ou d'un fond de cuisson et cuit doucement à la vapeur. C'est idéal pour les papillotes.

Les ingrédients peuvent aussi être disposés dans un plat peu profond ou sur une assiette. Une autre possibilité est le panier vapeur en bambou. Il est alors placé à l'intérieur du wok, entre les parois, et maintenu au-dessus du niveau de l'eau par les côtés du wok.

Pour éviter que les ingrédients n'adhèrent pendant la cuisson, posez-les sur du papier sulfurisé. Un wok moyen contient assez d'eau pour de courtes périodes de cuisson à la vapeur. Vérifiez le niveau pendant la cuisson et rajoutez de l'eau si nécessaire.

Bouillir

À moins que vous n'ayez l'intention de l'enduire complètement d'huile, un wok en acier au carbone n'est pas l'idéal pour faire bouillir. Des petites quantités de nouilles peuvent y être ramollies dans de l'eau frémissante, mais une casserole est plus pratique pour faire bouillir de grandes quantités ou pour des ingrédients demandant un temps de cuisson plus long.

Les soupes peuvent également être préparées au wok. Un wok de taille moyenne doit être suffisant pour quatre portions normales ou six assiettes plus petites.

Braiser

C'est souvent l'étape qui suit celle où l'on fait sauter les aliments. On ajoute alors du liquide aux ingrédients frits. Ils sont cuits à feu doux, rapidement, et on les remue souvent pendant la cuisson.

Laquer

Cette méthode de cuisson chinoise consiste à braiser la nourriture dans un mélange composé de sauce soja, d'eau et de sucre, auquel on ajoute des assaisonnements à base de gingembre, d'oignons de printemps et de vin de riz. La nourriture prend une coloration rouge pendant la cuisson. Cette méthode est particulièrement recommandée pour les morceaux de viande et de légumes résistants, car ils sont plus longs à cuire.

Des ingrédients authentiques

L'authentique cuisine au wok nécessite l'utilisation d'ingrédients, d'épices et de sauces spécifiques qui ajouteront une saveur et une couleur particulières. On les trouve facilement dans les épiceries et supermarchés orientaux.

Votre plus proche supermarché est également approvisionné en produits asiatiques. La cuisine au wok est devenue si populaire que vous y trouverez même beaucoup d'ingrédients de base déjà prêts. Pour plus de détails concernant les ingrédients dont vous pourriez avoir besoin, voir pages 74-75 et 116-117.

Le riz

Il existe quantité de variétés de riz, dont le riz à longs grains, le riz à grains courts et le riz gluant. Le riz brun n'est pas utilisé dans la cuisine du Sud-Est asiatique, car la plupart des autochtones n'apprécient pas sa texture. Le plus populaire est le riz blanc à longs grains. Dans la cuisine thaïlandaise, on utilise aussi beaucoup le riz parfumé. Il est toujours préparé sans ajout de sel. Le riz gluant est un riz de taille moyenne qui devient sucré et collant en cuisant. On l'utilise pour les préparations au four et les plats sucrés. Son nom n'est pas approprié car, en fait, il ne contient pas de gluten.

L'huile

L'huile est le corps gras de cuisson le plus couramment utilisé dans la cuisine au wok. L'huile d'arachide est un bon choix, car elle est légère et donc parfaite pour les sautés et les fritures. L'huile de tournesol convient bien également.

L'huile de sésame est aussi fréquemment utilisée, particulièrement dans les plats chinois. Cependant, employez-la plutôt en assaisonnement qu'en friture, car elle brûle facilement et donne un goût fort. En général, on l'ajoute à la dernière minute, pour assaisonner et terminer le plat.

Les décorations

Une grande variété de jolies garnitures peut être utilisée pour décorer les recettes de ce livre, des brins de fines herbes comme la coriandre et la menthe aux pompons d'oignons de printemps et fleurs en piment. Des rondelles de concombre et de citron ajouteront également une note fraîche et colorée à vos plats.

Les fleurs en piment

Coupez un piment rouge frais en quatre quartiers, dans la longueur, en laissant la queue intacte. Utilisez un couteau pointu pour enlever les graines.

Introduction

Découpez le piment en lamelles dans le sens de la hauteur. Ne coupez pas la base avec la queue. Plongez-le dans un bol d'eau glacée et mettez au réfrigérateur pendant 30 minutes au moins. Le piment s'ouvrira alors comme une fleur. Séchez avant l'utilisation.

Les pompons d'oignons de printemps

Ôtez la racine de l'oignon de printemps. Coupez la tige à 7,5 cm environ de hauteur. Coupez la partie verte de l'oignon dans la longueur, en laissant la partie blanche intacte. Tournez légèrement l'oignon et recoupez-le. Recommencez une ou deux fois, de façon que la tige de l'oignon soit transformée en pompon. Comme pour les fleurs en piment, placez l'oignon dans un bol d'eau glacée. Mettez au réfrigérateur pendant 1 heure environ.

La rose en tomate

Pour réaliser cette décoration, vous aurez besoin d'une tomate ferme. Utilisez un couteau bien affûté pour retirer la peau en une seule spirale, en commençant par la partie la plus tendre de la tomate. Faites une bande de 1 cm de large environ. En plaçant la peau vers l'extérieur, commencez à enrouler la spirale en partant d'une extrémité pour former un bouton. Continuez à enrouler jusqu'à ce que vous obteniez une rose.

Les roses en radis

Retirez les feuilles du radis et utilisez un petit couteau pointu pour découper une série de pétales sur une rangée autour du pied, en les laissant attachés au radis. Recommencez une seconde rangée de pétales au-dessus de la première. Continuez à découper des rangées de pétales jusqu'au sommet du radis. Plongez le radis dans de l'eau glacée et mettez-le au réfrigérateur pendant plusieurs heures.

Les rondelles de concombre et de citron

Les rondelles de concombre, de citron ou de citron vert font une décoration attrayante. Elles peuvent être posées à plat ou repliées et posées debout. Utilisez l'encoche d'un couteau canneleur ou un couteau d'office pour éplucher les concombres en faisant des lanières dans le sens de la hauteur, de même que pour le citron. Découpez ensuite le concombre en fines rondelles. Pour les recourber, coupez chaque rondelle du bord vers le centre puis tordez chacune des extrémités dans le sens inverse.

Chapitre 1

Amuse-bouches

Délicieuses préparations à déguster avec les doigts, mise en bouche et entrées orientales, petits en-cas pour toutes les occasions. Dans ce chapitre, vous trouverez suggestions et conseils pour utiliser au mieux votre wok et vous arriverez à faire sauter avec adresse vos aliments à feu vif.

Soupe aux nouilles transparentes

Préparation : 10 minutes
Cuisson : 10 minutes

Pour 4 personnes

2 c. à s. d'huile d'arachide
2 c. à. c. de mélange d'ail et de coriandre (voir page 155)
250 g de porc haché
1 l de fond de volaille (voir page 154)
125 g de nouilles transparentes
4 oignons de printemps coupés en morceaux de 2,5 cm de long
½ oignon finement haché
2 c. à s. de sauce de poisson thaïe (nam pla)
2 c. à c. de sel
250 g crevettes roses débarrassées de la veine dorsale
2 branches de céleri (avec les feuilles) émincées
poivre

1 Chauffer l'huile dans un wok et y faire sauter le mélange d'ail et de coriandre 1 minute.

2 Ajouter le porc haché. Faire sauter la viande pendant 3 minutes puis verser le fond de volaille et porter à ébullition. Mettre les nouilles, les oignons de printemps, l'oignon, la sauce de poisson thaïe et le sel. Ramener à ébullition et cuire pendant 3 minutes. Baisser la température, ajouter les crevettes, le céleri et laisser frémir encore 2 minutes.

3 Transvaser dans une soupière chaude, assaisonner de poivre et servir immédiatement.

Conseil
Pour préparer les crevettes, retirer la tête puis les décortiquer. Inciser le dos de chaque crevette sur toute la longueur avec un couteau, puis, avec la pointe de celui-ci, retirer le petit boyau noir.

14   Amuse-bouches

Rouleaux de printemps

Préparation : 20 minutes
Cuisson : 40 minutes

Pour 6 personnes

250 g de galettes de riz de 12 cm de côté
1 œuf battu
huile pour friture

GARNITURE :
2 c. à s. d'huile d'arachide
2 c. à s. de mélange d'ail et de coriandre
   (voir page 155)
125 g de chair de crabe (en conserve et égouttée
   ou surgelée et décongelée)
125 g de crevettes décortiquées et émincées
125 g de porc haché
125 g de vermicelles de riz ramollis dans de l'eau
   chaude et coupés en tronçons de 1 cm de long
125 g de champignons finement émincés
2 c. à s. de sauce de poisson thaïe (nam pla)
2 c. à s. de sauce soja claire
1 c. à c. de sucre
5 oignons de printemps émincés

POUR DÉCORER :
1 gros piment rouge frais épépiné et émincé
1 citron vert coupé en rondelles
quelques feuilles de basilic

1 Préparer la garniture : chauffer l'huile dans un wok et y faire sauter le mélange d'ail et de coriandre pendant 1 minute environ, jusqu'à coloration brune. Ajouter la chair de crabe, les crevettes et le porc. Faire sauter ces ingrédients de 10 à 12 minutes. Ajouter les vermicelles de riz, les champignons, la sauce de poisson thaïe, la sauce soja, le sucre et les oignons de printemps. Faire sauter la préparation pendant encore 5 minutes jusqu'à ce que le liquide soit absorbé. Laisser refroidir.

2 Séparer les galettes de riz. Les recouvrir d'un linge propre pour les garder souples. Mettre 1 cuillerée à soupe environ de garniture sur chaque galette et badigeonner les bords d'œuf battu. Replier les bords. Rouler en serrant bien. Badigeonner le rabat d'œuf battu. Sceller en pinçant. Couvrir le rouleau d'un linge.

3 Chauffer l'huile dans un wok et y cuire les rouleaux de 5 à 8 minutes, jusqu'à ce qu'ils soient bien dorés, en les retournant une fois pour leur donner une couleur uniforme. Égoutter sur du papier absorbant et servir chaud avec les lanières de piment rouge, les rondelles de citron vert et des feuilles de basilic.

Amuse-bouches

Wonton frits

Préparation : 15 minutes
Cuisson : 20 minutes

Pour 4 ou 5 personnes

250 g de porc haché
1 c. à s. d'oignon finement haché
2 c. à c. de mélange d'ail et de coriandre (voir page 155)
2 c. à s. de sauce de poisson thaïe (nam pla)
20 carrés de pâte à wonton (voir page 157)
1 jaune d'œuf battu
huile pour friture
1 oignon de printemps coupé en fines rondelles, pour décorer
sauce aux piments (voir page 156) et/ou sauce aux prunes, pour servir

1 Mettre le porc dans un petit bol avec l'oignon, le mélange d'ail et de coriandre et la sauce de poisson thaïe. Mixer afin d'obtenir une pâte épaisse.

2 Étaler les carrés de pâte à wonton sur un plan de travail et déposer 1 cuillerée à café du mélange au centre de chacun d'eux.

3 Badigeonner les bords des carrés de pâte à wonton de jaune d'œuf, les replier autour de la farce. Si nécessaire, sceller au jaune d'œuf.

4 Chauffer l'huile dans un wok et y frire les wonton, poignée par poignée, pendant 5 minutes environ, jusqu'à ce qu'ils soient dorés. Les retourner, éventuellement, pour bien les faire dorer des deux côtés. Égoutter sur du papier absorbant, garnir avec les rondelles d'oignon de printemps. Servir chaud avec la sauce aux piments ou la sauce aux prunes, voire les deux.

À savoir
Vous pouvez préparer les carrés de pâte à wonton (voir page 157) ou les acheter dans une épicerie chinoise. Les wonton se font également cuire dans un bouillon, pour une entrée ou en plat principal.

Lanières de chou croustillantes

Préparation : 5 minutes + temps de séchage
Cuisson : 10 minutes

Pour 8 personnes

750 g de chou chinois
huile pour friture
1½ c. à c. de sucre
1 c. à c. de sel

1 Séparer les feuilles du chou. Les laver soigneusement et les essorer avec du papier absorbant ou un linge propre.

2 Avec un couteau très coupant, débiter les feuilles en lanières aussi fines que possible. Les étaler sur du papier absorbant pendant 30 minutes, jusqu'à ce qu'elles soient complètement sèches.

3 Chauffer l'huile dans un wok à 180-190 °C (un dé de pain doit y dorer en 30 secondes). Éteindre 30 secondes et plonger une petite poignée de lanières de chou dans l'huile. Remettre à chaleur modérée et faire frire jusqu'à ce qu'elles remontent à la surface.

4 Retirer les lanières de chou avec une écumoire et les égoutter sur du papier absorbant. Cuire le reste de la même façon, par petites quantités. Quand toutes les lanières de chou sont cuites, les transvaser dans un saladier. Saupoudrer le sucre et le sel. Remuer doucement pour mélanger et servir chaud ou froid.

Conseil
Ne faites pas cuire toutes les lanières de chou en même temps : cela abaisserait la température de l'huile et elles ne seraient pas croustillantes.

Amuse-bouches

Légumes pakoras

Préparation : 25 minutes
Cuisson : 15 minutes

Pour 4 à 6 personnes

125 g de farine de pois chiches
27 cl environ d'eau
½ c. à c. de curcuma moulu
½ c. à c. de cumin moulu
½ c. à c. de paprika
½ c. à c. de bicarbonate de soude
huile pour friture
500 g de légumes variés : bouquets de chou-fleur, tranches de patate douce, rondelles d'oignon épaisses, lanières de poivrons rouges et verts et tranches d'aubergine.

ASSAISONNEMENT À LA CORIANDRE :
25 g de feuilles de coriandre hachées
2 piments verts frais épépinés et finement hachés
4 c. à s. d'eau
1 c. à s. de jus de citron
30 cl de yaourt
2 c. à c. de cumin moulu
2 c. à c. de sucre

1 Préparer l'assaisonnement : mixer les feuilles de coriandre et les piments verts avec l'eau et le jus de citron. Incorporer le mélange au yaourt avec le cumin et le sucre. Mélanger. Couvrir et mettre au réfrigérateur jusqu'au moment de servir.

2 Mélanger la farine de pois chiches avec suffisamment d'eau pour obtenir une pâte lisse et épaisse qui adhérera aux légumes. Ajouter le curcuma, le cumin, le paprika, le bicarbonate de soude et mélanger.

3 Chauffer l'huile dans un wok à 180-190 °C (un dé de pain doit y dorer en 30 secondes). Enrober une poignée de légumes de pâte, les plonger aussitôt dans l'huile et les faire frire de 1 à 2 minutes, selon leur épaisseur. Retirer les légumes avec une écumoire et les égoutter sur du papier absorbant. Servir les pakoras avec l'assaisonnement à la coriandre pendant qu'ils sont encore croustillants et chauds.

À savoir
Les pakoras sont d'excellents amuse-bouches indiens et l'assaisonnement à la coriandre, l'accompagnement parfait. Toutes les variétés de légumes peuvent être enrobées et frites dans cette pâte.

Rouleaux vietnamiens au poulet

Préparation : 30 minutes + temps d'égouttage
Cuisson : 20 minutes

Pour 4 à 6 personnes

4 œufs battus
20 galettes de riz
huile pour friture
sauce aux piments (voir page 156), pour servir

GARNITURE :
50 g de nouilles transparentes trempées dans de l'eau pendant
    10 minutes
2 shiitake séchés trempés dans de l'eau chaude pendant
    30 minutes
500 g de blancs de poulet coupés en petites lanières
3 gousses d'ail finement hachées
3 échalotes finement hachées
250 g de chair de crabe (en conserve et égouttée ou surgelée
    et décongelée)
½ c. à c. de poivre

1 Préparer la garniture : égoutter les nouilles puis les couper en tronçons de 2,5 cm. Égoutter et hacher finement les shiitake, couper les pieds.

2 Mélanger les nouilles, les shiitake, le poulet, l'ail, les échalotes, la chair de crabe et le poivre dans un bol. Diviser le mélange en 20 portions, et les rouler pour obtenir de petits cylindres.

3 Confectionner les rouleaux : badigeonner toute la surface d'une galette d'œuf battu. Laisser reposer quelques secondes pour qu'elle ramollisse. Déposer une portion de garniture près d'un bord et enrouler la farce dans la galette. Replier les côtés de la galette pour enfermer la garniture et finir d'enrouler. Sceller le bord à l'œuf battu. Renouveler ces opérations pour confectionner les autres rouleaux.

4 Chauffer l'huile dans un wok à 180-190°C (un dé de pain doit y dorer en 30 secondes). Faire frire un tiers des rouleaux à chaleur modérée jusqu'à ce qu'ils soient bien dorés. Retirer les rouleaux avec une écumoire et les égoutter sur du papier absorbant. Faire frire le reste des rouleaux en deux fois. Servir chaud ou tiède avec la sauce aux piments.

Conseil
Vous pouvez congeler les rouleaux, après cuisson. Vous pouvez également les cuire partiellement, les conserver au réfrigérateur – une journée au maximum – et terminer la cuisson au moment de servir.

Poivrons farcis au porc et au gingembre

Préparation : 15 minutes
Cuisson : de 30 à 35 minutes

Pour 4 à 6 personnes

1 c. à s. d'huile de tournesol
1 gousse d'ail écrasée
un morceau de racine de gingembre de 2,5 cm épluché et finement haché
250 g de porc maigre haché
1 oignon de printemps haché
1 branche de céleri finement hachée
le zeste râpé de 1 citron
4 poivrons verts

1 Chauffer l'huile dans un wok à température modérée. Y faire frire l'ail jusqu'à ce qu'il devienne légèrement brun. Réduire la chaleur, ajouter le gingembre et le porc. Laisser frire pendant 2 minutes.

2 Ajouter l'oignon de printemps, le céleri et le zeste de citron. Bien mélanger et frire encore 30 secondes. Laisser refroidir légèrement.

3 Couper les poivrons en quartiers, retirer les membranes blanches et les graines. Répartir le mélange sur chaque quartier de poivron, en pressant bien.

4 Disposer les quartiers de poivron dans un plat à four huilé. Préchauffer le four à 200 °C. Laisser cuire pendant 25 minutes, jusqu'à ce qu'ils soient tendres.

Conseil
Vous pouvez remplacer les poivrons verts par des poivrons rouges, orange ou jaunes.

Amuse-bouches

Gâteaux de crabe

Préparation : 15 minutes, + temps de refroidissement
Cuisson : 20 minutes

Pour 4 personnes

Conseil
Utilisez, de préférence, de la chair de crabe fraîche : la chair de crabe surgelée est souvent spongieuse et sans goût.

450 g de chair de crabe
2 petites échalotes finement hachées
1 gousse d'ail finement hachée
1 c. à s. de coriandre hachée
1 c. à s. de sauce de poisson thaïe (nam pla)
½ c. à s. de poivre
½ œuf battu
chapelure (facultatif)
huile pour friture
fleurs de ciboule, pour décorer
sauce au vinaigre et à la sauce soja (voir page 156), pour servir

1 Mélanger la chair de crabe, les échalotes, l'ail, la coriandre, la sauce de poisson thaïe, le poivre et l'œuf dans un bol. Former de 12 à 16 petits gâteaux (en cas d'utilisation de chair de crabe décongelée, si le mélange est trop liquide, ajouter de la chapelure pour l'épaissir). Placer les petits gâteaux sur une assiette et mettre au réfrigérateur pendant 1 heure pour raffermir le mélange.

2 Chauffer l'huile dans un wok pendant 5 minutes environ puis y plonger 4 petits gâteaux de crabe. Laisser cuire de 2 à 3 minutes, jusqu'à ce qu'ils dorent et deviennent croustillants. Les retourner délicatement et cuire encore de 2 à 3 minutes. Retirer les gâteaux avec une écumoire et les égoutter sur du papier absorbant. Cuire les autres gâteaux de la même façon. Garnir les gâteaux de crabe avec les fleurs de ciboule et servir avec la sauce.

Crevettes aux brocolis

Préparation : 10 minutes + temps de marinade
Cuisson : 5 minutes

Pour 2 ou 3 personnes

250 g de crevettes cuites décortiquées et débarrassées de la veine dorsale
1 tranche de gingembre frais épluchée et finement hachée
1 c. à s. de vin de riz ou de xérès sec
1 blanc d'œuf
1 c. à c. de Maïzena
3 c. à s. d'huile d'arachide
2 oignons de printemps finement hachés
250 g de brocolis en petits bouquets
1 c. à c. de sel
½ c. à c. de sucre

1 Laver les crevettes, les essuyer soigneusement dans du papier absorbant et les couper en deux dans le sens de la longueur. Détailler chaque demi-crevette en petits morceaux.

2 Mettre les crevettes dans un petit saladier avec le gingembre, le vin de riz ou le xérès, le blanc d'œuf et la Maïzena. Bien mélanger et placer dans un endroit frais ou au réfrigérateur. Laisser mariner pendant 20 minutes environ.

3 Chauffer 1 cuillerée à soupe d'huile dans un wok et y faire frire les crevettes à chaleur modérée 30 secondes environ. Les retirer du wok avec une écumoire.

4 Chauffer le reste d'huile dans le wok. Ajouter les oignons, les brocolis et mélanger soigneusement. Incorporer le sel et le sucre et faire sauter le mélange jusqu'à ce que les brocolis soient juste tendres. Mélanger avec les crevettes et servir chaud.

Conseil
Vous pouvez également utiliser de petites crevettes déjà cuites. Dans ce cas, achetez-les avec la carapace – elles auront ainsi plus de saveur – et décortiquez-les.

Amuse-bouches

Samosas de pommes de terre au fenugrec

Préparation : 30 minutes
+ temps de réfrigération
Cuisson : 1 heure

Pour 6 personnes

175 g de farine complète
75 g de beurre
4 c. à s. environ d'eau froide
huile pour friture
chutney à la mangue, pour servir

GARNITURE :
6 c. à s. d'huile d'arachide
1 gros oignon finement haché
1 piment vert frais épépiné et finement haché
2 c. à c. de curcuma moulu
2 c. à c. de cumin moulu
2 c. à c. de coriandre moulue
1 morceau de gingembre frais de 2,5 cm épluché et râpé
2 c. à s. de fenugrec séché
400 g de pommes de terre coupées en petits dés

Conseil
Les samosas sont d'excellents amuse-bouches. Ils sont parfaits pour un pique-nique. Pour apprécier leur consistance croustillante, dégustez-les le jour de leur préparation.

1 Préparer la pâte : mettre la farine dans un bol, ajouter le beurre et malaxer avec les doigts jusqu'à ce que le mélange s'émiette. Ajouter l'eau, cuillerée par cuillerée, jusqu'à ce que la pâte soit lisse mais ferme. Pétrir légèrement pendant 5 minutes, puis envelopper la pâte dans du film alimentaire et la placer au réfrigérateur pendant 1 heure.

2 Pendant ce temps, préparer la garniture : chauffer l'huile dans une poêle, ajouter l'oignon et laisser cuire jusqu'à ce qu'il ramollisse et prenne une coloration brune. Ajouter le piment, le curcuma, le cumin, la coriandre et le gingembre. Faire frire de 2 à 3 minutes. Ajouter le fenugrec, les dés de pomme de terre et continuer à cuire de 8 à 10 minutes, en mélangeant régulièrement. Retirer du feu et laisser refroidir.

3 Pétrir à nouveau la pâte et la diviser en 12 boulettes de la taille d'une noix ; les couvrir d'un linge propre. Aplatir une boulette en une galette de 15 cm ; la couper en deux et rouler chaque demi-cercle en forme de cône ; sceller les bords avec de l'eau. Garnir chaque cône avec 2 cuillerées à café du mélange aux pommes de terre et replier le haut pour les fermer ; sceller avec de l'eau. Renouveler ces opérations jusqu'à épuisement des ingrédients.

4 Chauffer l'huile dans un wok à 170 °C environ (un dé de pain doit y dorer en 1 minute). Y plonger 2 samosas et laisser cuire 2 minutes de chaque côté. Lorsque les samosas sont dorés, les retirer avec une écumoire et les égoutter sur du papier absorbant. Faire frire les autres samosas de la même façon. Servir chaud avec du chutney à la mangue.

Poulet épicé sauce Satay

Préparation : 20 minutes + temps de marinade
Cuisson : de 30 à 35 minutes

Pour 4 personnes

8 ailes de poulet
1 c. à s. d'amandes moulues
1 c. à s. de gingembre moulu
1 c. à c. de coriandre moulue
1 pincée de poudre de piment
1 c. à c. de curcuma moulu
30 cl de lait de coco (voir page 156)
1 petit poivron rouge épépiné et finement haché
1 c. à c . de sucre de palme ou de sucre roux
sel et poivre

SAUCE SATAY :
2 oignons grossièrement hachés
200 g de cacahuètes grillées
1 pincée de poudre de piment
2 c. à s. d'huile
12,5 cl d'eau
1 c. à c. de sucre
1 c. à s. de sauce soja
2 c. à s. de jus de citron

Conseil
Pour rehausser la saveur de la sauce, grillez les cacahuètes : faites chauffer un wok, ajoutez-les et laissez-les dorer en remuant constamment. Retirez les cacahuètes du wok et laissez refroidir.

POUR SERVIR :
quartiers de citron
1 poivron rouge et 1 poivron jaune évidés, épépinés et coupés en petits dés

1 Saupoudrer les ailes de poulet de sel et de poivre ; les placer sur une assiette plate. Mélanger les amandes, le gingembre, la coriandre, le piment et le curcuma dans un saladier. Ajouter le lait de coco petit à petit, puis le poivron rouge. Verser cette préparation sur les ailes de poulet et laisser mariner pendant 2 heures environ.

2 Pendant ce temps, préparer la sauce Satay : mettre la moitié des oignons dans un mixer avec les cacahuètes et la poudre de piment ; mixer pour réduire en purée. Chauffer l'huile dans un wok, ajouter le reste des oignons et les faire sauter jusqu'à ce qu'ils ramollissent. Incorporer la purée de cacahuètes et laisser cuire pendant 3 minutes, en mélangeant. Verser l'eau peu à peu, en remuant constamment. Incorporer le sucre en remuant et laisser cuire pendant 5 minutes. Verser la sauce soja et le jus de citron sans cesser de remuer. Réserver au chaud.

3 Préchauffer le four sur la position gril. Égoutter les ailes de poulet, en réservant la marinade. Les saupoudrer du sucre, enfourner sous le gril chaud et laisser cuire de 15 à 20 minutes, jusqu'à ce qu'elles soient croustillantes, en les retournant souvent et en les arrosant avec la marinade. Servir avec les quartiers de citron et les dés de poivron. Présenter la sauce Satay dans un petit bol.

Amuse-bouches

Omelette farcie à la thaïlandaise

Préparation : 10 minutes
Cuisson : de 12 à 17 minutes

Pour 2 personnes

3 c. à s. d'huile d'arachide
1 gousse d'ail écrasée
125 g de porc haché
1 c. à s. de sauce de poisson thaïe (nam pla)
½ c. à c. de sucre
125 g d'oignons finement hachés
1 tomate pelée et hachée
3 œufs battus
poivre

POUR DÉCORER :
quelques brins de coriandre
2 fleurs en piment rouge (voir page 10)

1 Chauffer 2 cuillerées à soupe d'huile dans un wok. Ajouter l'ail et le faire frire rapidement jusqu'à ce qu'il soit à peine doré. Ajouter le porc, la sauce de poisson thaïe, le sucre, les oignons et la tomate. Assaisonner de poivre.

2 Faire sauter le porc et les légumes de 5 à 10 minutes, jusqu'à ce que la viande soit légèrement colorée et les oignons dorés, mais pas bruns. Réserver au chaud.

3 Chauffer le reste d'huile dans le wok nettoyé, en l'inclinant pour en recouvrir toute la surface. Jeter l'excédent d'huile. Verser les œufs battus puis incliner le wok en le tournant pour obtenir une omelette.

4 Déposer le mélange de légumes et de porc frits au centre de l'omelette cuite. Replier les quatre bords de l'omelette vers le centre pour obtenir un carré. Servir immédiatement, en retournant l'omelette. Décorer avec des brins de coriandre et les fleurs en piment.

Conseil
Pour monder la peau de la tomate, plongez-la dans un bol d'eau bouillante pendant 1 minute : ainsi, la peau se détachera facilement. Si ce n'est pas le cas, renouveler l'opération.

Amuse-bouches

Salade thaïlandaise à la mode du Nord

Préparation : 20 minutes
+ temps de trempage des nouilles
Cuisson : de 5 à 10 minutes

Pour 4 personnes

250 g de nouilles transparentes
2 c. à s. d'huile d'arachide
175 g de porc haché
4 gousses d'ail écrasées
2 c. à c. de sucre
125 g de crevettes décortiquées cuites
2 échalotes finement émincées
2 c. à s. de sauce de poisson thaïe (nam pla)
1 c. à s. de jus de citron
2 petits piments rouges frais épépinés et finement hachés
2 petits piments verts frais épépinés et finement hachés
3 c. à s. de cacahuètes grillées pilées (voir page 157) + supplément, pour servir
2 c. à s. de coriandre hachée

POUR DÉCORER :
2 oignons de printemps coupés en biseau
1 grand piment rouge frais épépiné et coupé en biseau
quelques brins de coriandre

1 Plonger les nouilles dans de l'eau chaude et les laisser tremper pendant 20 minutes environ. Les rincer à l'eau froide et les égoutter soigneusement. Les couper en tronçons avec des ciseaux.

2 Chauffer l'huile dans un wok et y faire sauter le porc jusqu'à ce qu'il soit bien cuit. Ajouter l'ail, 1 cuillerée à café de sucre et faire sauter le mélange pendant 3 minutes.

3 Retirer le wok de la source de chaleur et mélanger le porc aux nouilles. Ajouter les crevettes, les échalotes, la sauce de poisson thaïe, le jus de citron, le reste de sucre, les piments, les cacahuètes et la coriandre. Mélanger. Servir en formant de petits dômes. Décorer avec les oignons de printemps, le piment et des brins de coriandre. Servir accompagné de cacahuètes grillées pilées.

À savoir
Les piments donnent à cette salade froide de nouilles une saveur très épicée. Dans certaines régions de Thaïlande, elle est servie avec de l'ail en condiment et une saucisse locale qui s'apparente au chorizo.

Amuse-bouches

Artichauts aux poivrons rouges

Préparation : 20 minutes
+ temps de refroidissement
Cuisson : 5 minutes environ

Pour 4 personnes

1 gros poivron rouge
2 c. à s. d'huile d'arachide
1 oignon finement haché
1 morceau de racine de gingembre frais de 2,5 cm
    épluché et finement haché
1 gousse d'ail écrasée
300 g de cœurs d'artichauts en conserve égouttés et
    coupés en tranches
1 c. à s. de vinaigre balsamique
sel et poivre
feuilles de basilic, pour décorer

Conseil
Le poivron rouge grillé est doux et sucré, avec un goût fumé. Si vous disposez de peu de temps, ne le grillez pas et faites-le sauter quelques minutes de plus pour le ramollir.

1 Griller le poivron sous un gril chaud, en le retournant fréquemment, jusqu'à ce que la peau soit noire sur tous les côtés. L'envelopper dans du papier absorbant, le mettre immédiatement dans un sac en plastique, fermer celui-ci hermétiquement et attendre qu'il ait suffisamment refroidi pour pouvoir le saisir.

2 Sortir le poivron du sac et gratter la peau sous l'eau froide. Couper le poivron en deux dans le sens de la longueur, ôter les membranes et les graines, rincer et sécher avec du papier absorbant. Détailler chaque demi-poivron en fines lanières dans la longueur. Réserver.

3 Chauffer l'huile dans un wok à chaleur modérée. Ajouter l'oignon, le gingembre et l'ail. Faire sauter ces ingrédients de 2 à 3 minutes, jusqu'à ce qu'ils ramollissent sans colorer. Ajouter les cœurs d'artichauts et les lanières de poivron, augmenter la chaleur au maximum et remuer jusqu'à ce que le mélange soit bien chaud. Arroser du vinaigre balsamique. Saler et poivrer au goût. Décorer de feuilles de basilic et servir immédiatement.

Amuse-bouches

Riz croustillant, sauce au lait de coco

Préparation : 15 minutes
Cuisson : 25 minutes

Pour 4 personnes

250 g de riz gluant
huile pour friture

POUR LA SAUCE :
12,5 cl de lait de coco (voir page 156)
50 g de porc haché
50 g de crevettes cuites décortiquées et finement hachées
1 c. à c. de mélange d'ail et de coriandre (voir page 155)
1½ c. à s. de sauce de poisson thaïe (nam pla)
1½ c. à s. de sucre
50 g d'oignon finement haché
50 g de cacahuètes grillées pilées (voir page 157)

1 Placer le riz dans une casserole, couvrir d'eau à hauteur. Porter à ébullition et laisser cuire à couvert jusqu'à ce que le riz soit complètement cuit et gluant. Verser le riz dans une passoire. L'étaler en fine couche sur un plateau huilé et le presser. Laisser sécher le riz dans un endroit chaud ou au four préchauffé à 120 °C.

2 Pendant ce temps, préparer la sauce : verser le lait de coco dans un wok et porter tout doucement à ébullition. Ajouter le porc puis les crevettes, bien mélanger. Incorporer le mélange d'ail et de coriandre, la sauce de poisson thaïe, le sucre, l'oignon et les cacahuètes. Réduire la chaleur et laisser frémir pendant 20 minutes. Remuer.

3 Quand le riz est bien sec et solide, le remuer grossièrement.

4 Chauffer l'huile dans un wok à 180-190 °C (un dé de pain doit y dorer en 30 secondes). Y faire frire le riz par morceaux de la taille d'une bouchée, jusqu'à ce qu'ils soient dorés (les grains commencent à crépiter au bout de 5 secondes). Retirer le riz avec une écumoire et l'égoutter sur du papier absorbant. Servir le riz croustillant avec la sauce.

À savoir
Après avoir fait cuire le riz, les cuisiniers thaïlandais prélèvent la couche qui a attaché au fond de la casserole et la mélangent avec le riz égoutté avant de le laisser sécher.

Amuse-bouches

Conseils pour faire sauter les aliments

Préparation

- Préparez, hachez ou coupez tous les ingrédients frais à l'avance, afin qu'ils soient prêts à être ajoutés dans le wok quand c'est nécessaire. Vous n'aurez pas le temps de le faire en cuisinant.

- Coupez la viande et les légumes en morceaux de taille identique, de façon qu'ils cuisent tous à la même vitesse et soient prêts en même temps. La présentation du plat s'en trouvera améliorée. Coupez les ingrédients en morceaux relativement petits, pour une cuisson homogène : ainsi, ils seront cuits au cœur sans que l'extérieur soit trop cuit. Par ailleurs, il est plus facile d'utiliser des baguettes pour déguster les plats si les morceaux ne sont pas trop gros.

- Pesez les sauces, les aromates et les ingrédients séchés avant de commencer à cuisiner. Placez-les dans des bols différents s'ils ne doivent pas être utilisés au même moment.

- Pour la friture, utilisez une huile légère de bonne qualité (arachide ou tournesol).

- Coupez les oignons de printemps en biseau ou en tronçons : cela est plus esthétique que des tranches.

- Les racines de gingembre et de galanga peuvent être émincées, finement hachées ou râpées, selon la consistance du plat fini.

Cuisson

- Pour de meilleurs résultats, préchauffez le wok à température modérée avant d'y verser l'huile, puis chauffez à nouveau. Celle-ci doit être très chaude mais ne pas fumer, afin que le wok diffuse le maximum de chaleur quand vous commencez à cuisiner. Plongez les ingrédients dans l'huile et conservez une forte température pour qu'ils soient saisis à l'extérieur et cuisent rapidement.

- Utilisez vos deux mains quand vous faites sauter les aliments : de l'une, tenez le manche du wok, de l'autre, remuez les ingrédients avec les baguettes ou une spatule.

- Mettez d'abord dans le wok les ingrédients les plus longs à cuire, puis ceux qui cuisent plus vite. Ils seront ainsi cuits à la perfection au même moment. Respectez scrupuleusement l'ordre des ingrédients pour exécuter les recettes de ce livre ; c'est la condition indispensable pour obtenir une cuisson parfaite.

10 règles d'or pour préparer des plats sautés

1 Utilisez un grand wok et une forte source de chaleur.

2 Préparez, mesurez, hachez ou découpez tous les ingrédients avant de commencer à les cuisiner.

3 Coupez les aliments en morceaux de même dimension, afin qu'ils cuisent uniformément.

4 Préchauffez le wok avant d'y verser l'huile.

5 Chauffez l'huile jusqu'à ce qu'elle soit très chaude mais ne fume pas avant d'y plonger le premier ingrédient.

6 Mettez d'abord les ingrédients les plus lents à cuire et ajoutez petit à petit ceux qui cuisent le plus vite.

7 Mélangez et faites sauter les ingrédients tout au long de la cuisson.

8 Conservez une forte température, pour que les aliments cuisent rapidement.

9 Ne laissez pas les ingrédients commencer à bouillir dans leur jus de cuisson – si celui-ci est trop important, augmentez la température.

10 Ne faites pas trop cuire les aliments sautés.

- Ne laissez pas les aliments bouillir dans leur jus de cuisson, notamment la viande et les légumes. S'ils rendent du jus, augmentez la chaleur pour le faire évaporer aussi vite que possible. La nourriture doit frire, pas bouillir.

- Ne faites surtout pas trop cuire les aliments sautés. La viande doit être tendre et cuite uniformément, tandis que les légumes doivent rester croquants et conserver leurs couleurs vives. Servez dès que la cuisson est terminée : en effet, elle se poursuivrait même s'il n'y a plus de source de chaleur, et la préparation pourrait être trop cuite et pâteuse si vous attendiez trop longtemps avant de la déguster.

Amuse-bouches

Chapitre 2
Vite prêt

Aucune de ces recettes n'excède
30 minutes, et la plupart peuvent être
préparées beaucoup plus vite.
Vous trouverez des préparations
de poissons, de viandes et de légumes
qui vous feront venir l'eau à la bouche
ainsi que des conseils pour faire
une cuisine légère avec votre wok.

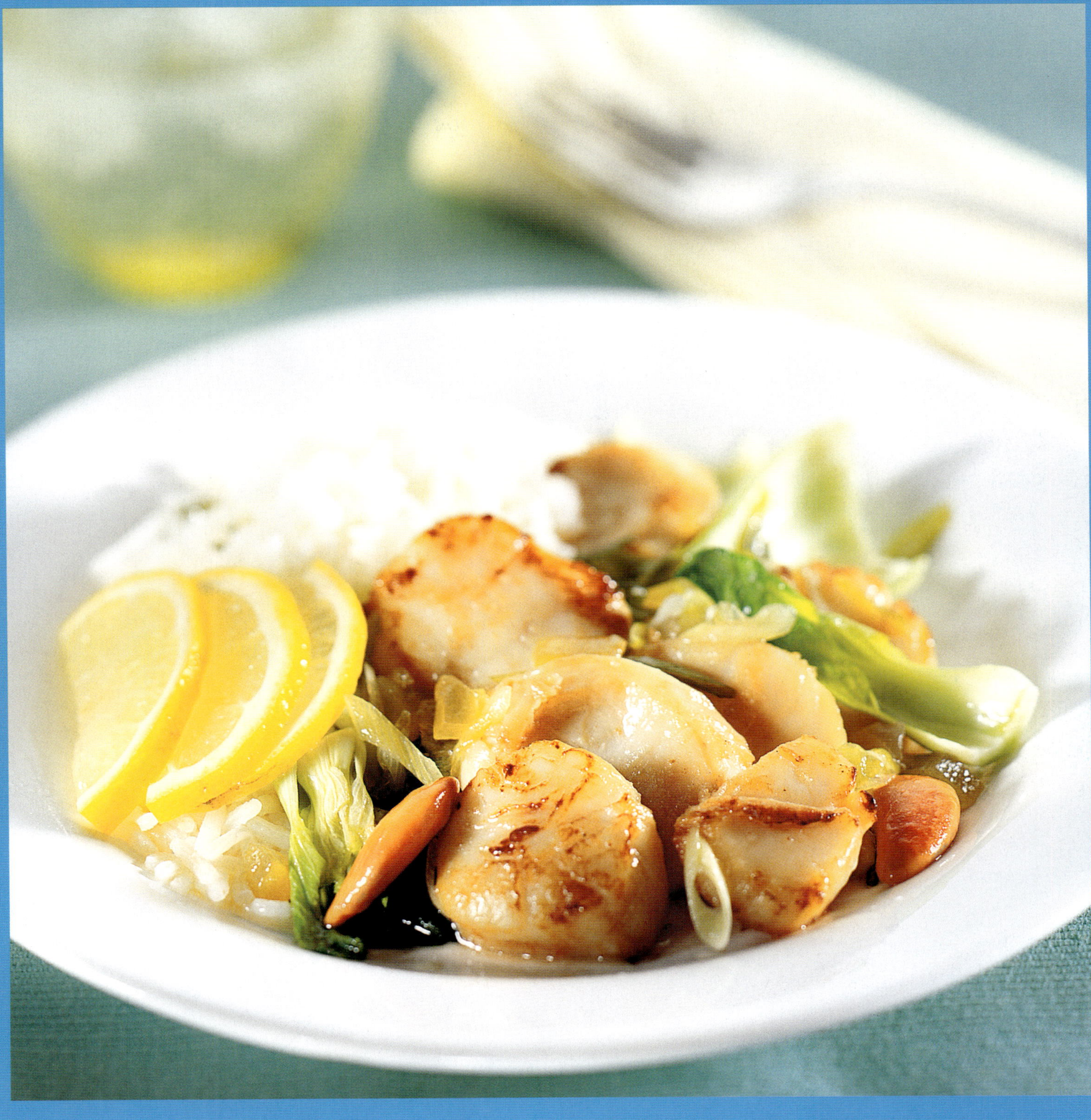

Lotte sautée à la sauce aux haricots de soja jaunes

Préparation : 5 minutes + temps de marinade
Cuisson : de 5 à 6 minutes

Pour 3 ou 4 personnes

4 c. à s. de fumet de poisson (voir page 154)
3 c. à s. de sauce soja
2 c. à s. de sauce aux haricots de soja jaunes
1 c. à s. de vin de riz ou de xérès sec
1 c. à c. de sucre
500 g de filet de lotte dépouillé et coupé en morceaux
1 c. à s. d'huile d'arachide

1 Mélanger le fumet, la sauce soja, la sauce aux haricots de soja jaunes, le vin de riz ou le xérès et le sucre dans une assiette. Ajouter les morceaux de lotte et les retourner délicatement pour qu'ils soient totalement enrobés du mélange. Couvrir et laisser mariner au réfrigérateur de 1 à 2 heures, en retournant régulièrement le poisson.

2 Chauffer l'huile dans un wok. Y faire sauter le poisson avec la marinade à feu vif de 4 à 5 minutes, jusqu'à ce qu'il soit tendre.

À savoir
La lotte a une saveur proche de celle de la viande, une chair ferme et pas d'arêtes. C'est donc un bon choix si vous ne connaissez pas le goût de vos invités en matière de poisson.

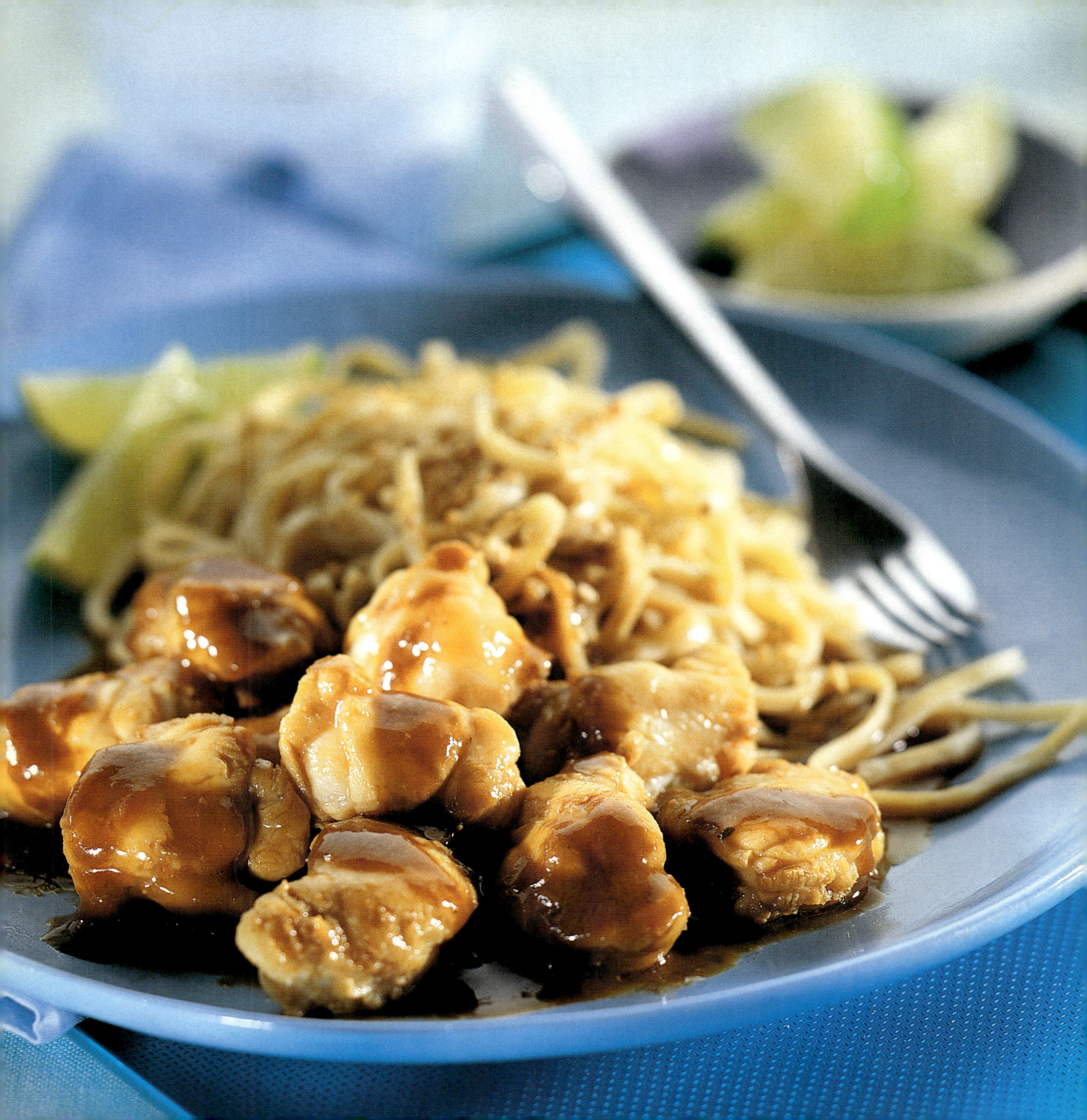

Crevettes frites, recette rapide

Préparation : 10 minutes
Cuisson : 5 minutes

Pour 4 personnes

huile pour friture
500 g de crevettes décortiquées et débarrassées de la veine dorsale, avec la queue intacte
2 c. à c. de Maïzena
1 c. à s. d'eau

SAUCE AIGRE-DOUCE :
2 c. à s. de vin de riz ou de xérès sec
2 c. à s. de sauce soja
2 c. à s. de vinaigre de vin ou de cidre
1 c. à s. de sucre
1 c. à c. d'oignon finement haché
1 c. à c. de racine de gingembre finement hachée

1 Chauffer l'huile dans un wok à 180-190 °C (un dé de pain doit y dorer en 30 secondes). Y faire sauter les crevettes jusqu'à ce qu'elles deviennent rose brillant. Les retirer avec une écumoire et les égoutter sur du papier absorbant.

2 Vider l'huile du wok, en y laissant la valeur de 1 cuillerée à soupe, et augmenter la chaleur. Mélanger rapidement les ingrédients de la sauce dans un bol, verser le mélange dans le wok et ajouter les crevettes. Cuire 1 minute en remuant constamment.

3 Mélanger la Maïzena et l'eau pour obtenir une pâte onctueuse, la verser dans le wok et remuer jusqu'à ce que les crevettes en soient bien enrobées.

Conseil
Ce plat rapide mais délicieux est parfait pour un dîner entre amis lorsque l'on dispose de peu de temps pour le préparer. Servez-le avec du riz frit ou des nouilles.

Nouilles chinoises aux crevettes

Préparation : 10 minutes
Cuisson : 20 minutes

Pour 3 ou 4 personnes

12,5 cl de lait
1 c. à c. de sauce soja noire
3 c. à s. de sauce d'huître
2 c. à s. d'huile d'arachide
1 c. à c. d'ail haché
5 grains de poivre noir écrasés
1 c. à s. de coriandre hachée (feuilles, tiges et racines)
1 morceau de racine de gingembre frais de 2 cm épluché et coupé en lanières
125 g de nouilles transparentes ramollies dans de l'eau
12 grosses crevettes décortiquées et débarrassées de la veine dorsale, avec la queue intacte
quelques feuilles de coriandre, pour décorer

1 Mélanger le lait, la sauce soja et la sauce d'huître dans un bol.

2 Chauffer l'huile dans un wok. Y faire sauter l'ail, le poivre, la coriandre et le gingembre 30 secondes. Ajouter les nouilles et le mélange de lait et de sauces, mélanger soigneusement à feu vif, baisser la chaleur, couvrir le wok et laisser cuire pendant 12 minutes.

3 Augmenter la chaleur, ajouter les crevettes, et un peu d'eau si la sauce semble trop épaisse. Cuire de 2 à 3 minutes, en mélangeant, jusqu'à ce que les crevettes deviennent roses. Transvaser dans un saladier de service et garnir avec des feuilles de coriandre.

Conseil
Pour accommoder les nouilles différemment, utilisez du blanc de poulet à la place des crevettes. Émincez-le et ajoutez-le aux nouilles à la fin de l'étape 2.

Vite prêt

Noix de saint-jacques au citron et au gingembre

Préparation : 10 minutes
Cuisson : 10 minutes

Pour 2 à 4 personnes

8 grosses noix de saint-jacques
3 c. à s. d'huile d'arachide
½ botte d'oignons de printemps
3 c. à s. de jus de citron
2 c. à s. de vin de riz ou de xérès sec
2 morceaux de gingembre rose hachés + 1 c. à s. du vinaigre de macération
sel et poivre
rondelles de citron, pour décorer

1 Couper les noix de saint-jacques en tranches épaisses. Détacher les coraux, les garder entiers. Chauffer 2 cuillerées à soupe d'huile dans un wok. Y faire sauter les noix de saint-jacques à feu modéré pendant 2 minutes. Les enlever du wok avec une écumoire et les mettre dans une assiette.

2 Chauffer le reste d'huile dans le wok. Y faire sauter les oignons de printemps quelques secondes. Ajouter le jus de citron et le vin de riz ou le xérès, porter à ébullition. Incorporer le gingembre avec le vinaigre de macération et mélanger.

3 Retourner les ingrédients dans leur jus et faire sauter les noix de saint-jacques à feu vif. Ajouter les coraux et laisser cuire 30 secondes. Saler et poivrer à volonté. Décorer avec des rondelles de citron et servir immédiatement.

Conseil

La noix de saint-jacques est très délicate. Elle ne doit chauffer que quelques minutes dans le wok, afin que l'extérieur soit saisi. Veillez à ne pas trop la cuire.

Calmars aux poivrons verts

Préparation : 15 minutes
Cuisson : 5 minutes

Pour 2 à 4 personnes

huile pour friture
250 g de calmars préparés et émincés
1 poivron vert évidé, épépiné et coupé en tranches
2 tranches de racine de gingembre frais épluchées et coupées en lanières
1 c. à c. de sel
1 c. à s. de sauce soja
1 c. à c. de vinaigre de riz
poivre
1 c. à c. d'huile de sésame

1 Chauffer l'huile dans un wok à 180-190 °C (un dé de pain doit y dorer en 30 secondes). Y faire frire les calmars 30 secondes. Les retirer avec une écumoire et les égoutter sur du papier absorbant. Vider délicatement l'huile du wok, en y laissant la valeur de 1 cuillerée à soupe.

2 Remettre les calmars dans le wok, ajouter le poivron et le gingembre. Faire sauter ces ingrédients quelques secondes, puis ajouter le sel, la sauce soja, le vinaigre de riz et le poivre. Remuer. Cuire 1 minute environ, ajouter l'huile de sésame et servir.

> **Conseil**
> Pour gagner du temps, achetez les calmars déjà préparés. Confiez cette opération au poissonnier.

Vite prêt

Poulet aux noix de cajou, à l'ail, au vin de riz et au gingembre

Préparation : 10 minutes
Cuisson : de 3 à 4 minutes

Pour 4 personnes

375 g de poulet désossé sans la peau
1 blanc d'œuf légèrement battu
4 c. à s. de vin de riz ou de xérès sec
2 c. à c. de Maïzena
3 c. à s. d'huile de tournesol
4 oignons de printemps hachés
2 gousses d'ail hachées
1 morceau de racine de gingembre frais de 2,5 cm épluché et finement haché
1 c. à s. de sauce soja claire
125 g de noix de cajou

1 Couper le poulet en cubes de 1 cm. Mélanger le blanc d'œuf, la moitié du vin de riz ou du xérès et la Maïzena dans une assiette. Incorporer les cubes de poulet et les retourner jusqu'à ce qu'ils soient bien enrobés du mélange.

2 Chauffer l'huile dans un wok. Y faire sauter les oignons de printemps, l'ail et le gingembre 30 secondes. Ajouter le poulet et poursuivre la cuisson pendant 2 minutes, jusqu'à ce qu'il soit bien cuit.

3 Verser la sauce soja dans le vin ou le xérès restant et mélanger soigneusement. Ajouter les noix de cajou et cuire encore 30 secondes. Servir immédiatement.

À savoir
Les noix de cajou sont appréciées pour leur saveur sucrée assez particulière et sont surtout utilisées dans les plats de poulet ou de légumes sautés. Veillez à les choisir non salées.

Poulet au gingembre et au miel

Préparation : 15 minutes + temps d'égouttage
Cuisson : de 10 à 15 minutes

Pour 4 personnes

50 g de racine de gingembre frais épluchée et finement hachée
2 c. à s. d'huile d'arachide
3 blancs de poulet sans la peau coupés en dés
3 foies de poulet hachés
1 oignon finement émincé
3 gousses d'ail écrasées
2 c. à s. de champignons noirs séchés trempés dans de l'eau chaude pendant 20 minutes
2 c. à s. de sauce soja
1 c. à s. de miel liquide
5 oignons de printemps hachés
1 piment rouge frais épépiné et émincé en fines lanières, pour décorer
nouilles de riz plates, pour servir (facultatif)

1 Mélanger le gingembre avec un peu d'eau froide, égoutter et presser fortement. Réserver.

2 Chauffer l'huile dans un wok. Y faire sauter les blancs de poulet et les foies à feu modéré pendant 5 minutes. Les retirer avec une écumoire. Réserver.

3 Faire sauter l'oignon doucement dans le wok, jusqu'à ce qu'il ramollisse. Ajouter l'ail, les champignons noirs égouttés et poursuivre la cuisson 1 minute. Remettre le poulet dans le wok. Continuer à faire sauter les ingrédients.

4 Mélanger la sauce soja et le miel dans un bol. Verser le mélange dans le wok et bien remuer. Ajouter le gingembre égoutté et faire sauter la préparation de 2 à 3 minutes. Ajouter enfin les oignons de printemps. Décorer avec les lanières de piment rouge et servir immédiatement, éventuellement avec des nouilles de riz plates.

À savoir
Ce plat sera encore meilleur si vous le préparez la veille et le réchauffez au moment de servir.

Poulet sauté au sésame

Préparation : 10 minutes
Cuisson : 10 minutes

Pour 3 à 4 personnes

500 g de blancs de poulet sans la peau coupés en cubes de 2,5 cm
1½ c. à c. de Maïzena
4 c. à s. d'huile d'arachide
1 poivron évidé, épépiné et coupé en morceaux de 2,5 cm
2½ c. à s. de sauce soja
2½ c. à s. de pâte de graines de sésame
1 c. à s. d'huile de sésame
1 c. à s. d'eau
1 c. à c. de sauce aux piments (voir page 156)
1 c. à s. de vin de riz ou de xérès sec
graines de sésame, pour décorer

1 Mettre les cubes de poulet dans un bol, saupoudrer de la Maïzena et mélanger jusqu'à ce qu'ils soient bien enrobés. Chauffer l'huile d'arachide dans un wok. Y faire sauter le poulet à feu vif 45 secondes. Retirer les cubes de poulet du wok avec une écumoire et réserver.

2 Faire sauter le poivron dans l'huile bouillante à feu modéré 1 minute. Incorporer 1 cuillerée à soupe de sauce soja, puis retirer le poivron avec une écumoire. Réserver.

3 Ajouter le reste de la sauce soja, la pâte de graines de sésame, l'huile de sésame, l'eau, la sauce aux piments et le vin de riz ou le xérès dans le wok. Mélanger soigneusement et laisser cuire 1 minute.

4 Ajouter les cubes de poulet dans le wok et mélanger à feu vif pendant 45 secondes. Incorporer les morceaux de poivron. Cuire encore 30 secondes, jusqu'à ce que le poivron soit tendre. Transvaser dans un plat, décorer avec les graines de sésame et servir immédiatement.

Conseil
Servez ce plat très parfumé avec des nouilles aux œufs ou des nouilles de riz.

Bouchées au porc sautées

Préparation : 15 minutes
Cuisson : 15 minutes

Pour 4 personnes

2 c. à c. de tiges de coriandre hachées
2 c. à c. de poivre
4 gousses d'ail épluchées
1 pincée de sucre
500 g de porc haché
2 c. à s. de sauce de poisson thaïe (nam pla)
farine
4 à 5 c. à s. d'huile d'arachide
feuilles de coriandre, pour décorer

1 Mixer les tiges de coriandre, le poivre, l'ail et le sucre afin d'obtenir une pâte lisse. On peut également utiliser un pilon et un mortier.

2 Ajouter le porc et la sauce de poisson thaïe dans le bol du mixer. Actionner l'appareil jusqu'à obtention d'un mélange épais et lisse. Transvaser la préparation dans un saladier.

3 Former 20 petites boulettes de 2,5 cm de diamètre environ. Les rouler dans un peu de farine.

4 Chauffer l'huile dans un wok et y faire frire 5 boulettes de porc, à chaleur modérée, de 2 à 3 minutes (il ne doit pas s'écouler de jus quand on pique les boulettes avec la pointe d'un couteau). Retirer les boulettes du wok avec une écumoire et les égoutter sur du papier absorbant. Garder au chaud et frire le reste des boulettes 5 par 5. Décorer avec les feuilles de coriandre et servir chaud.

À savoir
Ces bouchées peuvent être servies avec différents sautés et curries. En brochettes, ce sont d'appétissants amuse-gueules pour l'apéritif.

Vite prêt

Bœuf sauté aux haricots mange-tout

Préparation : 15 minutes + temps de marinade
Cuisson : 8 minutes environ

Pour 4 personnes

250 g de bœuf (rumsteck) émincé
2 c. à s. de sauce d'huître
1 c. à s. de vin de riz ou de xérès sec
1 c. à c. de Maïzena
4 c. à s. d'huile
2 oignons de printemps coupés en tronçons de 2,5 cm
1 tranche de racine de gingembre frais épluchée et coupée en lanières
250 g de mange-tout effilés
1 c. à c. de sucre
sel

1 Couper le bœuf en fines lanières. Les mettre dans un saladier avec la sauce d'huître, le vin de riz ou le xérès et la Maïzena. Bien mélanger et laisser mariner pendant 20 minutes environ.

2 Chauffer 2 cuillerées à soupe d'huile dans un wok et y faire sauter les oignons de printemps et le gingembre quelques secondes. Ajouter le bœuf. Faire sauter la viande jusqu'à ce qu'elle soit uniformément colorée. Transvaser le mélange dans un plat chaud et garder au chaud.

3 Chauffer le reste d'huile dans le wok et y faire sauter les mange-tout avec le sucre et du sel pendant 2 minutes environ. Ne pas laisser trop cuire les haricots : ils perdraient leur texture et leur couleur. Ajouter les mange-tout au bœuf et bien mélanger. Servir immédiatement.

Conseil

Pour varier, vous pouvez remplacer les mange-tout par 125 g de mini-épis de maïs et 125 g de cocos plats. Cuire de 2 à 3 minutes et bien mélanger.

Vite prêt

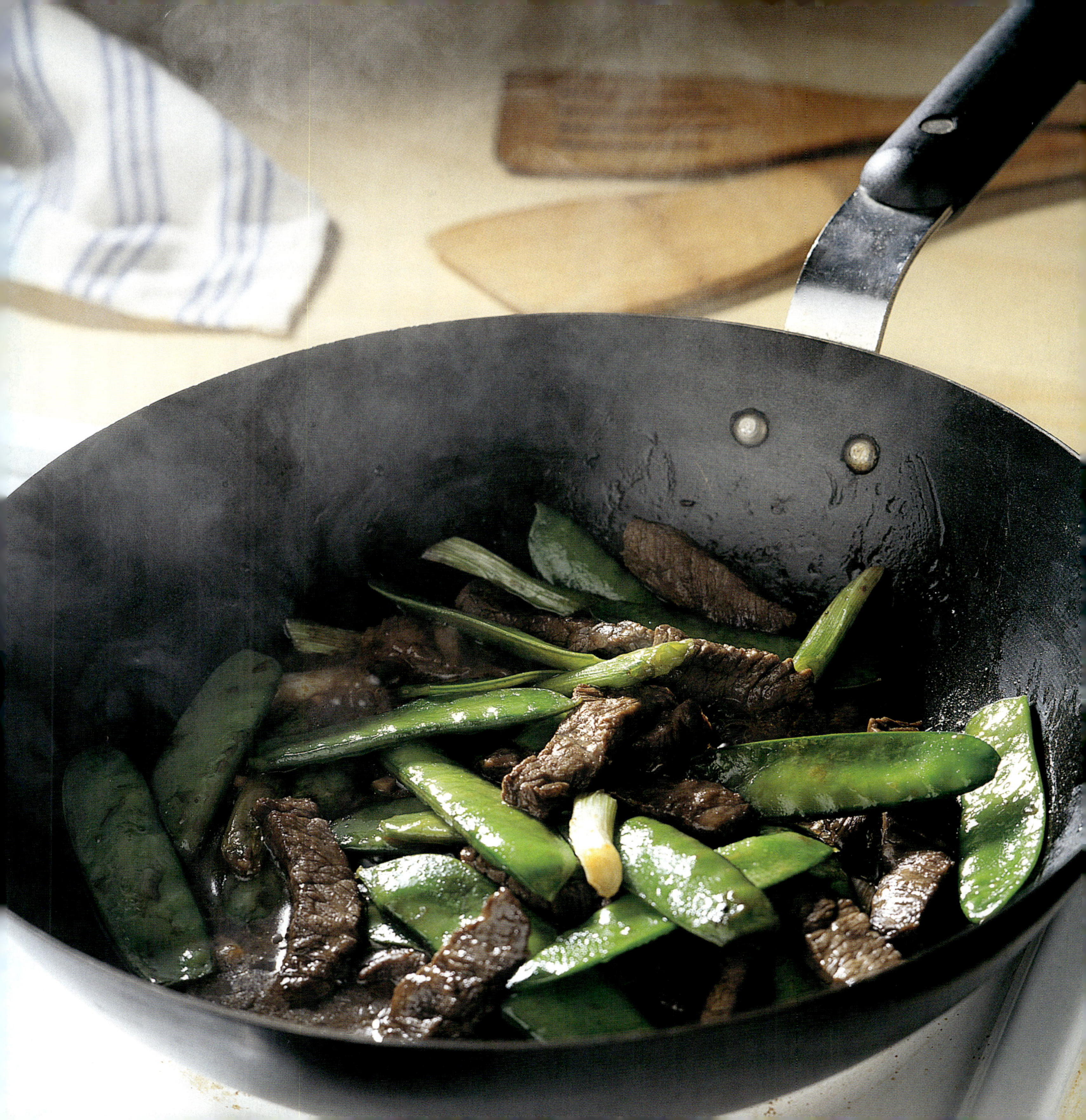

Agneau de printemps sauté à l'ail

Préparation : 5 minutes
Cuisson : de 5 à 7 minutes

Pour 4 personnes

2 c. à s. de vin de riz ou de xérès sec
2 c. à s. de sauce soja claire
1 c. à s. de sauce soja noire
1 c. à c. d'huile de sésame
375 g de filet d'agneau finement émincé
2 c. à s. d'huile d'arachide
6 gousses d'ail finement émincées
1 morceau de racine de gingembre de 2,5 cm frais épluché et haché
1 poireau émincé en biseau
4 oignons de printemps hachés

1 Mélanger le vin de riz ou le xérès, les sauces soja et l'huile de sésame dans un saladier. Ajouter l'agneau et bien mélanger pour enrober les morceaux de viande du mélange. Couvrir et laisser mariner pendant 15 minutes.

2 Égoutter l'agneau, en réservant la marinade. Chauffer l'huile d'arachide dans un wok. Y faire sauter la viande avec 2 cuillerées à café de marinade pendant 2 minutes environ, jusqu'à ce qu'elle soit bien colorée. Pour qu'elle ne colle pas, ajouter, si nécessaire, un peu de marinade.

3 Incorporer l'ail, le gingembre, le poireau et les oignons de printemps et poursuivre la cuisson pendant 3 minutes. Servir immédiatement.

Conseil
Coupez la viande finement dans le sens des fibres, afin qu'elle cuise rapidement. Pour pouvoir la couper plus facilement, placez-la au congélateur 1 heure à l'avance, afin de la raffermir.

Vite prêt

Foie sauté aux épinards et au gingembre

Préparation : 10 minutes
Cuisson : de 4 à 5 minutes

Pour 4 personnes

375 g de foie d'agneau finement tranché
2 c. à s. de Maïzena
4 c. à s. d'huile de tournesol
500 g d'épinards lavés et égouttés
1 c. à c. de sel
2 fines tranches de racine de gingembre frais épluchées et hachées
1 c. à s. de sauce soja claire
1 c. à s. de vin de riz ou de xérès sec
1 oignon de printemps finement émincé, pour décorer

1 Blanchir les tranches de foie dans de l'eau bouillante pendant quelques secondes. Les égoutter soigneusement et les enrober de Maïzena. Réserver.

2 Chauffer 2 cuillerées à soupe d'huile dans un wok. Y faire sauter les épinards avec le sel pendant 2 minutes. Les retirer du wok avec une écumoire et les disposer sur le pourtour d'un plat de service. Réserver au chaud.

3 Essuyer le wok avec du papier absorbant. Y chauffer le reste d'huile. Ajouter le gingembre, le foie, la sauce soja et le vin de riz ou le xérès. Bien mélanger de 1 à 2 minutes. Éviter de cuire trop longtemps, pour que le foie ne durcisse pas. Verser le mélange sur les épinards et garnir avec l'oignon de printemps.

À savoir
Blanchir le foie dans de l'eau bouillante évite qu'il ne durcisse pendant la cuisson. Ce plat sauté est consistant et se prépare rapidement.

Vite prêt

Champignons sautés

Préparation : 5 minutes
Cuisson : 10 minutes

Pour 4 personnes

1 c. à s. d'huile d'arachide
1 c. à c. de racine de gingembre frais épluchée et hachée
2 oignons de printemps finement hachés
1 gousse d'ail écrasée
1 piment rouge frais épépiné et finement haché
225 g de champignons chinois frais (dont 125 g de shiitake) émincés
250 g de petits champignons de Paris nettoyés et émincés
1 c. à c. de sauce de haricots de soja au piment ou de poudre de piment
2 c. à c. de vin de riz ou de xérès sec
2 c. à c. de sauce soja noire
1 c. à s. d'eau
1 pincée de sel
1 pincée de sucre
1 c. à c. d'huile de sésame

Conseil
Vous pouvez remplacer certains champignons frais par des champignons séchés. Dans ce cas, faites-les tremper dans de l'eau chaude pendant 20 minutes, égouttez-les, pressez-les pour les sécher et coupez les pieds.

1 Chauffer l'huile d'arachide dans un wok à chaleur modérée. Y faire sauter le gingembre, les oignons de printemps, l'ail et le piment de 5 à 10 minutes.

2 Ajouter tous les champignons dans le wok. Poursuivre la cuisson pendant 5 minutes.

3 Ajouter la sauce de haricots de soja au piment ou la poudre de piment, le vin de riz ou le xérès, la sauce soja, l'eau, le sel, le sucre et l'huile de sésame. Bien mélanger. Cuire en remuant constamment pendant 5 minutes. Servir immédiatement.

Vite prêt

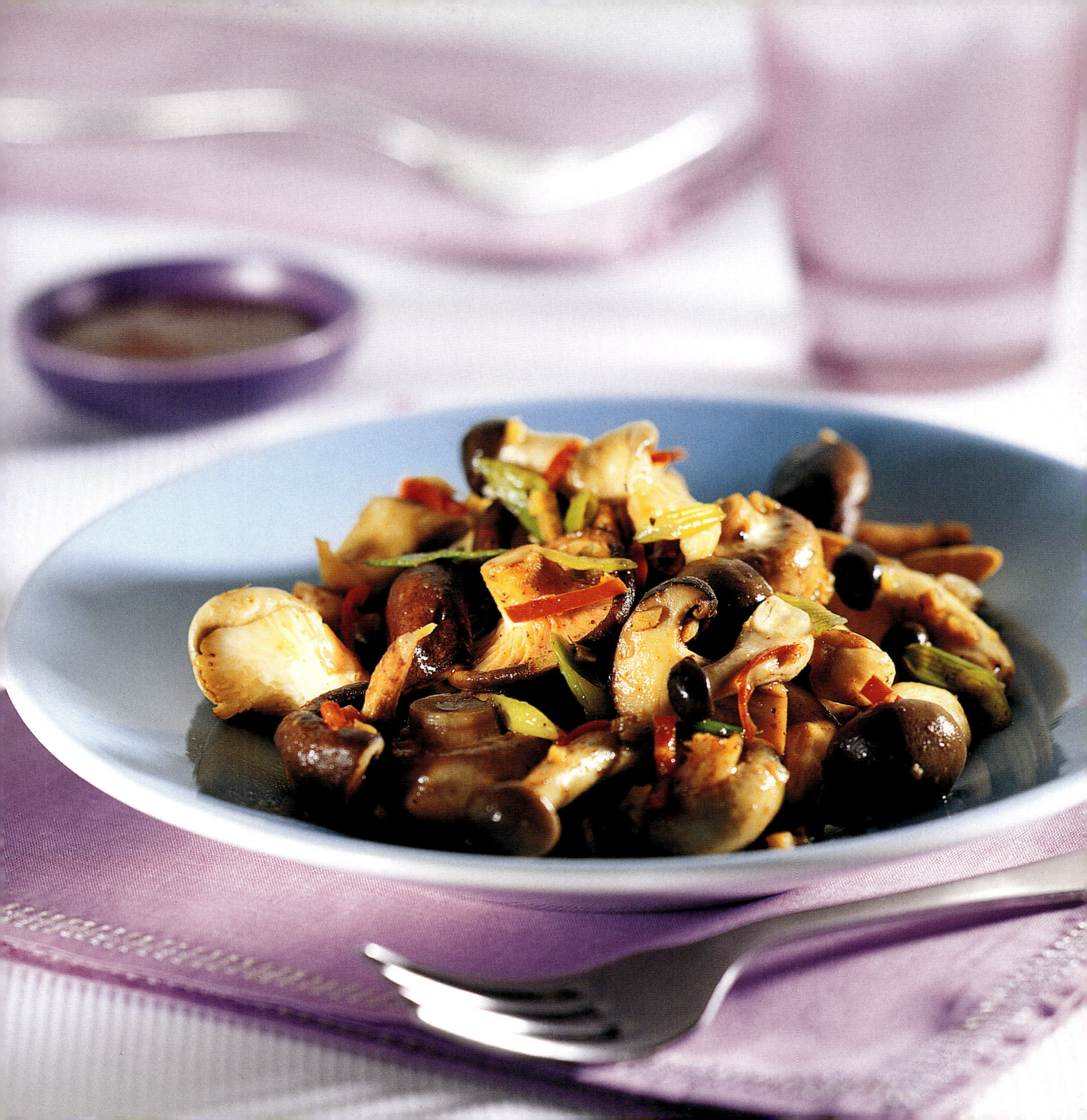

Pak-choï à l'ail et à la sauce d'huître

Préparation : 10 minutes + temps de trempage
Cuisson : 3 minutes

Pour 4 personnes

1 c. à s. de haricots noirs fermentés
500 g de pak-choï lavés et nettoyés
3 c. à s. d'huile d'arachide
2 gousses d'ail écrasées
2 c. à s. de sauce soja
3 c. à s. de sauce d'huître
4 c. à s. d'eau
riz blanc, pour servir

1 Rincer les haricots noirs pour enlever l'excès de sel. Les mettre dans un bol d'eau chaude et les laisser ramollir pendant 10 minutes. Égoutter et réserver.

2 Hacher grossièrement les plus grandes feuilles de pak-choï et couper les petites en quatre.

3 Chauffer l'huile dans un wok et y faire frire l'ail 1 minute. Ajouter le pak-choï et remuer pour enrober les feuilles d'huile.

4 Mélanger la sauce soja, la sauce d'huître et l'eau. Verser le mélange dans le wok avec les haricots noirs. Faire sauter la préparation à forte chaleur 1 minute. Servir avec un bol de riz.

À savoir
En Chine, il est courant de faire sauter des légumes verts avec de l'ail et des haricots noirs. Utilisez des légumes verts chinois, en veillant à ne pas trop les cuire.

Légumes chinois sautés

Préparation : 10 minutes
+ temps de trempage
Cuisson : de 3 à 4 minutes

Pour 3 à 4 personnes

5 ou 6 shiitake séchés ou 50 g de champignons de Paris
4 c. à s. d'huile d'arachide
250 g de légumes verts chinois finement hachés
175 g de carottes finement hachées
125 g de haricots verts effilés
1 c. à c. de sel
1 c. à c. de sucre
1 c. à s. de sauce soja claire

1 En cas d'utilisation de champignons séchés, les plonger dans de l'eau chaude pendant 20 minutes, les égoutter et les sécher. Retirer les morceaux trop durs si nécessaire. Les couper en fines tranches. Réserver.

2 Chauffer l'huile dans un wok et y faire sauter les légumes verts et les carottes 30 secondes. Ajouter les haricots verts et les champignons. Poursuivre la cuisson pendant 30 secondes.

3 Ajouter le sel et le sucre. Continuer à faire sauter les légumes en mélangeant. Verser la sauce soja et cuire encore 1 minute. Transvaser dans un plat de service chaud et servir immédiatement.

À savoir
De nombreux légumes peuvent convenir pour ce plat : brocolis, cocos plats, haricots mange-tout, pousses de bambou et châtaignes d'eau.

Cuisiner léger avec le wok

Comparée aux autres cuisines, la cuisine orientale est assez diététique, à condition de préparer des plats sautés ou à la vapeur et d'éviter les sauces très riches. Traditionnellement, elle fait appel à de nombreux légumes et produits exempts de graisse. Il est cependant intéressant de savoir comment rendre cette cuisine encore plus légère.

Réduire la quantité de graisses

La plupart d'entre nous mangent trop. Résultat : nous avons tendance à prendre du poids et nous augmentons notre risque face aux maladies cardio-vasculaires, surtout si nous consommons trop de graisses saturées, présentes dans le lait, la viande et les arachides.

Dans la cuisine asiatique, les plats sautés ou à la vapeur sont, en général, les plus légers. Comme on utilise peu d'huile pour faire les sautés, la cuisson est très peu grasse. Vous pouvez cependant réduire encore la quantité de matière grasse en utilisant de l'huile en spray allégée, ou ne pas en employer si vous avez un wok à revêtement antiadhésif.

L'huile sert souvent à rehausser le goût des aliments : pour cuisiner, vous pouvez donc utiliser à la place plus d'ingrédients parfumés, tels que l'ail, le piment, la coriandre, le poivre et le gingembre. Évitez les plats que vous savez trop gras, comme les grandes fritures : les wonton frits, le porc à l'aigre-doux et les rouleaux de printemps. À défaut, éliminez l'excès d'huile en les pressant dans du papier absorbant ou dans une serviette en papier, pour en absorber le maximum.

Évitez également les plats contenant beaucoup d'arachides et de crème ou de lait de coco si vous voulez réduire votre consommation de graisse. Si vous ne les supprimez pas, diminuez au moins la quantité d'arachides dans les recettes, et utilisez du lait de coco allégé. Dans les recettes de riz sauté qui comportent plusieurs œufs, remplacez-en 1 ou 2 par le blanc pour alléger la recette.

Le riz et les nouilles

Préférez le riz cuit à l'eau ou à la vapeur au riz sauté aux œufs. Cet aliment est peu calorique et riche en amidon. Si vous en consommez beaucoup, vous mangerez certainement moins de plats beaucoup plus gras.

Les nouilles sont aussi peu caloriques, et vous pouvez choisir parmi de nombreuses variétés. Les plats à base de nouilles sont peu saturés en graisse. Choisissez des légumes, du poulet ou des crevettes pour les accompagner, ce sera meilleur pour votre santé. Évitez le plus possible les plats à base de nouilles frites.

Viande, poisson et légumes

Réduisez la quantité de viande que vous consommez en donnant la préférence aux plats à base de légumes ou à ceux qui en contiennent plus que les préparations

10 conseils pour alléger son alimentation

1 Utilisez le maximum d'ingrédients à faible teneur en graisses pour cuisiner, par exemple des yaourts et du lait de coco allégés.

2 Préférez les préparations à base de légumes aux plats de viande.

3 Faites plutôt cuire le riz à l'eau ou à la vapeur que de le frire avec des œufs.

4 Ne faites pas trop cuire les plats sautés et utilisez seulement une petite quantité d'huile ou un wok à revêtement antiadhésif.

5 Évitez les grandes fritures.

6 Évitez les plats à base d'arachides, de lait ou de crème de coco.

7 Évitez les plats en sauce, par exemple les aliments laqués (voir page 9) qui sont cuits dans de la sauce soja noire et du sucre.

8 Retirez la pâte des aliments en beignets, comme le porc à l'aigre-doux.

9 Apprenez à vous servir des baguettes pour manger : vous laisserez ainsi l'excès de sauce et de cacahuètes dans votre assiette. Cela permet également de manger plus lentement et de se sentir rassasié plus rapidement (il faut 20 minutes au cerveau pour enregistrer que l'estomac est plein).

10 Il est très tentant, en présence d'un buffet asiatique, de goûter tous les plats : sachez vous retenir et ne vous reservez pas.

à la viande. Choisissez plutôt du poulet, de la dinde, des crevettes ou des coquilles Saint-Jacques, riches en protéines et peu gras, que de la viande rouge. Vous pouvez aussi remplacer celle-ci par du tofu (fromage de soja), produit de substitution végétarien. Retirez toujours la peau de la volaille ainsi que le gras de la viande. Congelez la viande avant de la préparer : il vous sera plus facile de la découper et d'en retirer le gras. Dans ce cas, elle devra être entièrement décongelée au moment de la cuisson.
Les légumes sont peu gras et peu caloriques. Ils vous aideront également à vous sentir rassasié et vous permettront ainsi de manger moins d'aliments contenant des corps gras. Les légumes sautés ou cuits à la vapeur sont probablement les plus diététiques de la cuisine asiatique en raison de leur faible teneur en graisses saturées.

Vite prêt

Chapitre 3
Le meilleur de l'Asie

Une sélection de plats parmi les plus réputés : porc cantonais à la sauce aigre-douce, poulet du Cachemire, laksa et chow mein. Dans ce chapitre, vous trouverez également des informations sur les ingrédients traditionnels orientaux.

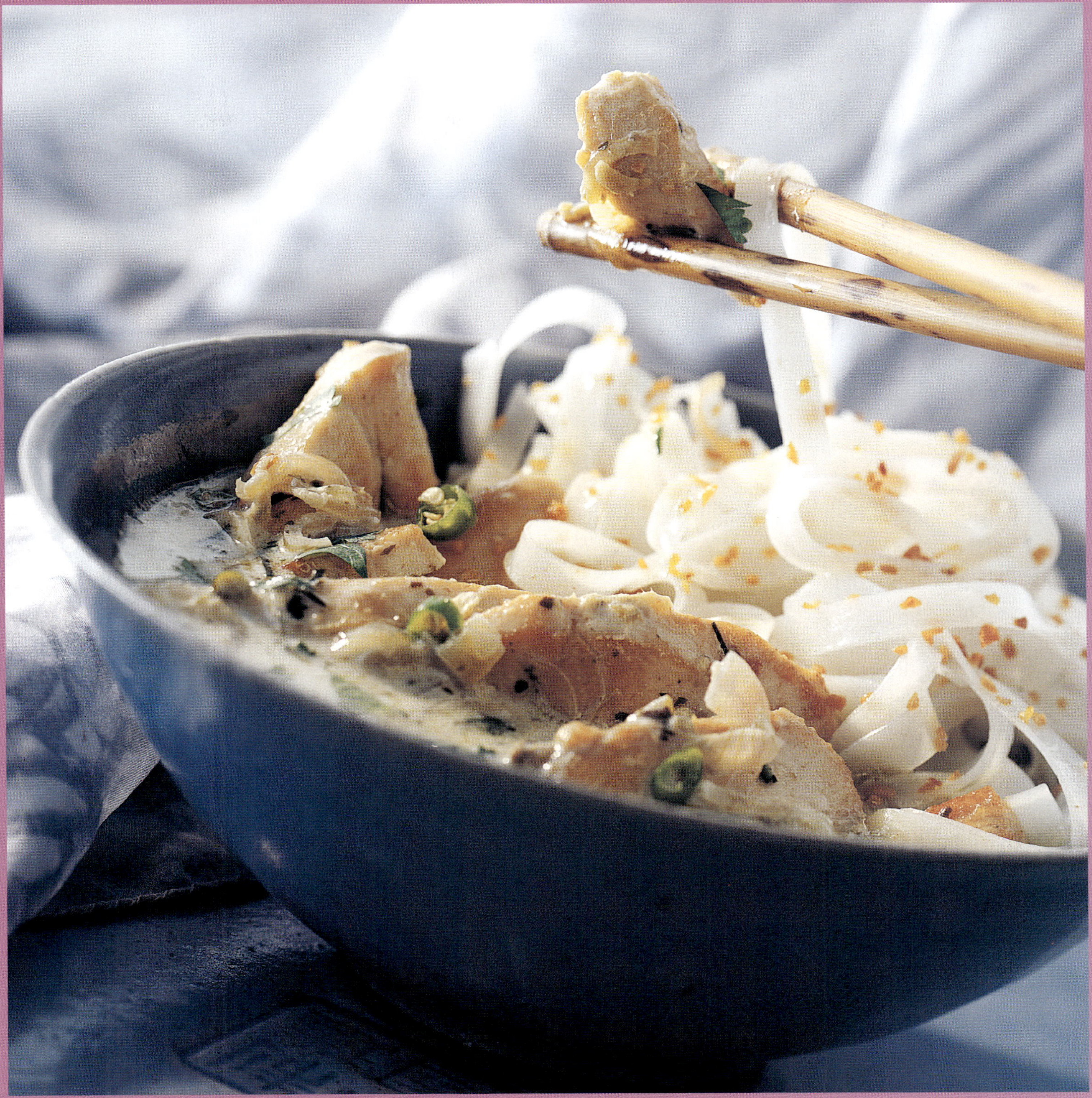

Raviolis wonton aux crevettes

Préparation : 30 minutes + temps de refroidissement
Cuisson : 25 minutes environ

Pour 3 ou 4 personnes

12 à 16 carrés de pâte à wonton (voir page 157)
2 c. à s. d'huile d'arachide
40 cl de bouillon de volaille chaud (voir page 154)
sauce soja et sauce aux piments (voir page 156), pour servir

GARNITURE :

8 crevettes décortiquées et débarrassées de la veine dorsale
2 oignons de printemps coupés en quatre
1 gousse d'ail coupée en deux
1 morceau de racine de gingembre frais de 2,5 cm épluché et émincé
1 c. à c. de sauce soja claire
½ c. à c. de vinaigre de vin de riz
sel et poivre

1 Mettre tous les ingrédients de la garniture dans le bol d'un mixer avec 1 une pincée de sel et de poivre et les hacher finement. Transvaser le mélange dans un saladier, couvrir et mettre à refroidir pendant 30 minutes environ, pour raffermir.

2 Placer les carrés de pâte à wonton sur un plan de travail. Déposer ½ cuillerée à café environ de garniture sur chaque carré, en la décalant légèrement du centre. Humecter les bords et replier la pâte sur la garniture en formant 3 plis. Presser les bords pour bien fermer les raviolis, pincer la pâte sur tout le pourtour pour une finition soignée. La quantité de garniture permet de confectionner 12 gros raviolis ou 16 moyens.

3 Chauffer 1 cuillerée à soupe d'huile dans un wok. Placer la moitié des raviolis dans l'huile, sur leur côté plat, et les faire frire pendant 2 minutes, jusqu'à ce que le dessous soit bien coloré. Verser la moitié du bouillon, ce qui doit suffire pour couvrir les raviolis. Porter à ébullition, baisser la chaleur et laisser frémir pendant 10 minutes, jusqu'à ce que le bouillon ait été absorbé par les raviolis. Les enlever du wok avec une écumoire. Faire cuire le reste des raviolis de la même façon. Servir chaud avec de la sauce soja et de la sauce aux piments.

À savoir

Ces raviolis adhèrent en cuisant. Leur consistance particulière vient de ce que la pâte à wonton est d'abord frite, puis cuite dans du bouillon.

Le meilleur de l'Asie

Coquilles Saint-Jacques à la sichuanaise

Préparation : 15 minutes
Cuisson : 10 minutes

Pour 4 personnes

2 c. à s. d'huile d'arachide
750 g de noix de saint-jacques fraîches décoquillées
2 gousses d'ail écrasées
1 piment rouge séché finement haché
½ c. à c. de poudre de cinq-épices
1 morceau de racine de gingembre frais de 2,5 cm épluché et coupé en fines lanières
2 c. à s. de vin de riz ou de xérès sec
2 c. à s. de sauce soja noire
3 c. à s. d'eau
6 oignons de printemps coupés en biseau + supplément, pour décorer
1 petit oignon émincé
1 c. à c. de sucre

1 Chauffer l'huile dans un wok jusqu'à ce qu'elle fume. Ajouter les noix de saint-jacques, les saisir des deux côtés et les retirer du wok. Réserver.

2 Faire sauter l'ail, le piment, la poudre de cinq-épices et le gingembre dans le wok 1 minute. Ajouter le vin de riz ou le xérès, la sauce soja, l'eau, les oignons de printemps, l'oignon et le sucre et poursuivre la cuisson 1 minute. Remettre les noix de saint-jacques dans le wok et les cuire dans la sauce pendant 2 minutes environ.

3 Disposer les noix de saint-jacques avec la sauce dans un plat chaud. Décorer avec les petits oignons et servir immédiatement.

À savoir
Les spécialités de la région de Sichuan, dans l'ouest de la Chine, sont pimentées et épicées. Dans ce plat relevé, on utilise beaucoup de piment, de gingembre, d'ail et d'oignon.

Le meilleur de l'Asie

Poulet à l'orange à l'indonésienne

Préparation : 15 minutes
Cuisson : de 10 à 15 minutes

Pour 4 personnes

2 blancs d'œufs
sel
2 c. à s. de Maïzena
4 blancs de poulet sans la peau coupés dans le sens des fibres
30 cl environ d'huile d'arachide
1 botte d'oignons de printemps finement coupés en biseau
125 g de petits pois frais ou surgelés
poivre

SAUCE :
17,5 cl de jus d'orange
3 ou 4 c. à s. de concentré de jus d'orange
2 c. à s. de sauce soja
1 c. à s. de vinaigre de cidre
1 c. à c. de sucre roux

POUR GARNIR :
quelques rondelles d'orange
quelques feuilles de persil plat

1 Battre légèrement, avec une fourchette, les blancs d'œufs avec la Maïzena et 1 pincée de sel dans une assiette plate. Ajouter le poulet et retourner tous les morceaux pour bien les enrober du mélange. Préparer la sauce en mélangeant tous les ingrédients dans un saladier. Réserver.

2 Chauffer l'huile dans un wok sans la laisser fumer. Y plonger les morceaux de poulet un par un, à l'aide d'une fourchette, et les frire de 2 à 3 minutes, jusqu'à coloration dorée. Procéder par petites quantités. Retirer les morceaux de poulet frits avec une écumoire, les égoutter sur du papier absorbant. Réserver au chaud.

3 Vider l'huile du wok, en en laissant la valeur de 1 cuillerée à soupe. Y faire sauter les oignons de printemps à feu modéré 30 secondes. Verser la sauce, porter à ébullition, mélanger, ajouter les petits pois, saler et poivrer. Laisser frémir pendant 5 minutes, en mélangeant souvent, jusqu'à ce que les petits pois soient cuits.

4 Remettre le poulet dans le wok et poursuivre la cuisson de 1 à 2 minutes, jusqu'à ce que les ingrédients soient bien mélangés et très chauds. Décorer de rondelles d'orange et de feuilles de persil. Servir immédiatement.

Conseil
Vous pouvez réutiliser l'huile une ou deux fois, aussi ne la jetez pas quand vous la retirez du wok, à l'étape 3. Laissez-la refroidir, passez-la et versez-la dans une bouteille.

Poulet à la thaïlandaise à la pâte de curry verte

Préparation : 10 minutes
Cuisson : 25 minutes

Pour 4 personnes

2 c. à s. d'huile d'arachide
1 morceau de racine de gingembre frais de 2,5 cm épluché et finement haché
2 échalotes hachées
4 c. à s. de pâte de curry verte (voir page 155)
625 g de cuisses de poulet désossées, sans la peau, coupées en morceaux de 5 cm
30 cl de lait de coco (voir page 156)
4 c. à s. de sauce de poisson thaïe (nam pla)
1 c. à c. de sucre de palme ou de sucre roux
3 feuilles de lime de Cafre finement hachées
1 piment vert frais épépiné et finement haché
sel et poivre
ail frit croustillant (voir page 157), pour décorer
nouilles de riz plates, pour servir (facultatif)

1 Chauffer l'huile dans un wok. Y faire revenir le gingembre et les échalotes à feu modéré pendant 3 minutes environ. Ajouter la pâte de curry et faire frire pendant 2 minutes.

2 Ajouter les morceaux de poulet. Mélanger pour les enrober du mélange épicé et laisser cuire pendant 3 minutes pour les saisir. Verser le lait de coco en remuant et porter à ébullition. Réduire la chaleur et laisser cuire à feu doux pendant 10 minutes environ, tout en remuant, jusqu'à ce que le poulet soit bien cuit et la sauce épaissie.

3 Ajouter la sauce de poisson thaïe, le sucre, les feuilles de lime de Cafre et le piment. Laisser cuire encore 5 minutes. Saler et poivrer. Décorer avec l'ail frit. Servir immédiatement, éventuellement avec des nouilles de riz plates.

Conseil

Ce plat traditionnel thaïlandais peut être préparé avec d'autres ingrédients : du canard, du poisson ou des crevettes. Vous cuirez le canard et le poisson de la même façon que le poulet, mais vous n'ajouterez les crevettes qu'à l'étape 3.

Le meilleur de l'Asie

Poulet du Cachemire

Préparation : 10 minutes
Cuisson : 40 minutes

Pour 4 à 6 personnes

50 g de ghee ou de beurre
3 gros oignons finement coupés
10 grains de poivre
10 gousses de cardamome
1 bâton de cannelle de 5 cm
1 morceau de racine de gingembre frais de 5 cm épluché et haché
2 gousses d'ail finement hachées
1 c. à c. de poudre de piment
2 c. à c. de paprika
sel
1,5 kg de morceaux de poulet sans peau
25 cl de yaourt

POUR GARNIR :
quelques quartiers de citron vert
persil haché

1 Faire fondre le ghee ou le beurre dans un wok. Ajouter les oignons, les grains de poivre, la cardamome et la cannelle et les faire revenir de 8 à 10 minutes, en remuant de temps en temps, jusqu'à ce que les oignons soient dorés.

2 Ajouter le gingembre, l'ail, le piment, le paprika et le sel. Faire frire pendant 2 minutes en remuant.

3 Ajouter les morceaux de poulet et les faire frire jusqu'à ce qu'ils soient bien dorés. Ajouter le yaourt petit à petit, tout en remuant. Couvrir et laisser cuire pendant 30 minutes environ, jusqu'à ce que le poulet soit bien cuit. Garnir avec des quartiers de citron vert et du persil haché. Servir chaud.

Conseil
Servez ce riche et délicieux curry avec du riz blanc ou des petits pains tels que les chapatis.

Le meilleur de l'Asie

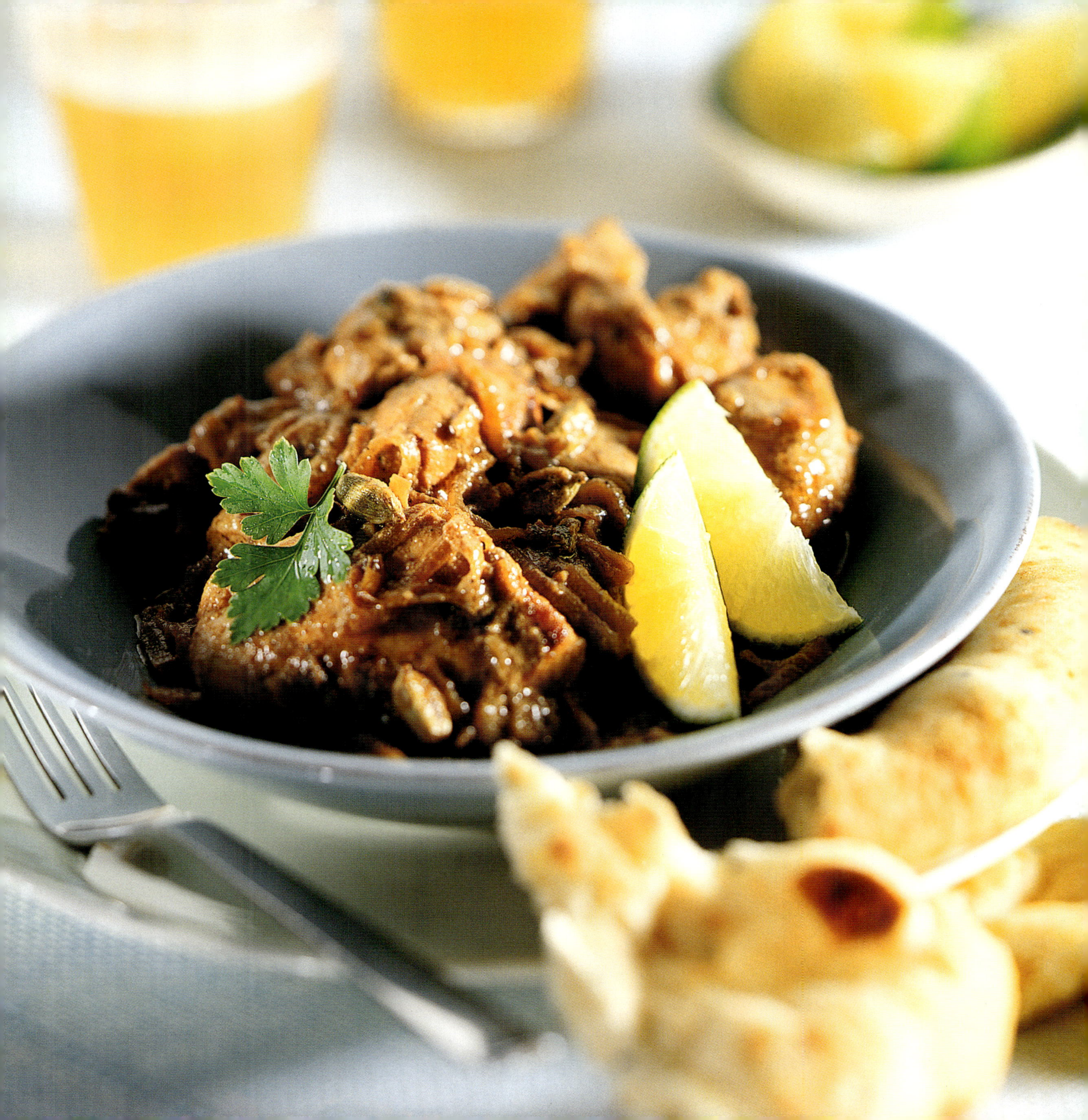

Poulet bon-bon au sésame

Préparation : 30 minutes
+ temps de marinade et de refroidissement
Cuisson : 15 minutes

Pour 4 personnes

4 blancs de poulet sans la peau
6 c. à s. de sauce soja
2 c. à s. d'huile de sésame
1 morceau de racine de gingembre frais de 2,5 cm épluché et finement haché
4 c. à s. d'huile d'arachide
4 carottes coupées en bâtonnets
1 piment frais vert ou rouge, épépiné et haché
125 g de germes de soja
½ concombre coupé en bâtonnets
3 c. à s. de vin de riz ou de xérès sec
2 c. à s. de miel liquide
15 cl de bouillon de volaille (voir page 154)
2 c. à s. de graines de sésame grillées
feuilles de persil plat, pour décorer

L'astuce
Pour griller les graines de sésame, chauffez un wok ou une poêle et faites-y dessécher les graines à chaleur modérée de 1 à 2 minutes, en les faisant sauter pour qu'elles ne brûlent pas.

1 Placer les blancs de poulet entre deux feuilles de papier sulfurisé. Les marteler avec un rouleau à pâtisserie, pour les aplatir et les attendrir, puis les couper en fines lanières dans le sens des fibres. Les mettre dans une assiette plate. Mélanger 2 cuillerées à soupe de sauce soja avec l'huile de sésame et le gingembre. Verser le mélange sur les lanières de poulet et les retourner pour bien les enrober. Couvrir et laisser mariner pendant 20 minutes, en les retournant de temps en temps.

2 Pendant ce temps, chauffer 2 cuillerées à soupe d'huile d'arachide dans un wok à feu modéré. Y faire sauter les carottes et le piment de 2 à 3 minutes. Les retirer avec une écumoire et les mettre dans un saladier. Ensuite, faire sauter les germes de soja 1 minute et les mettre dans le saladier. Ajouter les bâtonnets de concombre dans le saladier et bien mélanger.

3 Chauffer le reste d'huile dans le wok. Y faire sauter le poulet, en augmentant la chaleur, de 4 à 5 minutes. Le transvaser dans un autre saladier.

4 Ajouter le reste de sauce soja, le vin de riz ou le xérès, le miel et le bouillon dans le wok. Porter à ébullition puis laisser frémir pendant quelques minutes en mélangeant. Faire légèrement réduire. Verser la moitié de la sauce sur les légumes et le reste sur le poulet. Mélanger, couvrir et laisser refroidir en remuant de temps en temps.

5 Disposer le poulet et les légumes dans deux plats. Arroser avec le reste des sauces des saladiers et saupoudrer des graines de sésame. Décorer avec des feuilles de persil et servir.

Le meilleur de l'Asie

Porc à la cantonaise sauce aigre-douce

À savoir
La poudre de cinq-épices a un parfum épicé et sucré. Elle convient parfaitement au porc et au poulet. Utilisez-la avec parcimonie, sinon votre plat serait trop relevé.

Préparation : 10 minutes
Cuisson : de 20 à 30 minutes

Pour 4 à 6 personnes

500 g de filet de porc coupé en cubes de 2,5 cm
1 c. à s. de sel
1 pincée de poivre
½ c. à c. de poudre de cinq-épices
2 c. à s. de vin de riz ou de xérès sec
1 œuf
3 c. à s. de Maïzena
huile pour friture
1 gousse d'ail écrasée
1 oignon grossièrement émincé
1 ou 2 poivrons vidés, épépinés et coupés en petits dés
250 g de dés d'ananas en boîte égouttés (jus réservé)
3 c. à s. de vinaigre de vin
50 g de sucre
4 c. à s. de ketchup

1 Remplir une casserole d'eau et porter à ébullition. Ajouter le porc et le faire bouillir jusqu'à ce qu'il change de couleur. L'égoutter, le faire refroidir et l'essuyer avec du papier absorbant.

2 Mélanger le sel, le poivre, la poudre de cinq-épices, le vin de riz ou le xérès, l'œuf et la Maïzena. Ajouter les cubes de porc et les retourner plusieurs fois pour les enrober du mélange.

3 Chauffer l'huile dans un wok à 180-190 °C (un dé de pain doit y dorer en 30 secondes). Faire frire le porc, par petites quantités, jusqu'à ce qu'il devienne brun. Bien égoutter sur du papier absorbant.

4 Vider l'huile du wok, en en laissant la valeur de 2 cuillerées à soupe. Ajouter l'ail, le faire revenir jusqu'à ce qu'il soit doré, puis faire sauter l'oignon et les poivrons 1 minute. Ajouter le jus d'ananas, le vinaigre, le sucre et le ketchup en remuant.

5 Cuire en remuant jusqu'à ce que la sauce épaississe. Ajouter le porc, remuer jusqu'à ce que la préparation soit bien chaude. Décorer avec les dés d'ananas et servir immédiatement.

Le meilleur de l'Asie

Riz sauté aux œufs

Préparation : 10 minutes
Cuisson : de 8 à 10 minutes

Pour 4 personnes

2 ou 3 œufs
2 oignons de printemps finement hachés
   + supplément, pour décorer
2 c. à c. de sel
3 c. à s. d'huile d'arachide
125 g de crevettes cuites décortiquées
125 g de poulet ou de porc cuit coupé en dés
50 g de pousses de bambou grossièrement hachées
4 c. à s. de petits pois frais ou surgelés cuits
1 c. à s. de sauce soja claire
375 à 500 g de riz cuit froid

1 Casser les œufs dans un petit bol, ajouter 1 cuillerée à café d'oignons de printemps et 1 pincée de sel. Battre légèrement avec une fourchette pour bien mélanger.

2 Chauffer 1 cuillerée à soupe environ d'huile dans un wok, ajouter les œufs. Remuer jusqu'à ce qu'ils soient brouillés et bien pris. Les retirer du wok et réserver.

3 Chauffer le reste d'huile dans le wok. Y faire sauter les crevettes, la viande, les pousses de bambou, les petits pois et le reste d'oignons de printemps 1 minute. Ajouter la sauce soja tout en remuant. Poursuivre la cuisson de 2 à 3 minutes.

4 Ajouter le riz cuit avec les œufs brouillés et le sel restant. Bien mélanger, pour casser les œufs brouillés en petits morceaux et pour séparer les grains de riz.

Conseil
Vous pouvez ajouter toutes sortes d'ingrédients à ce plat. C'est une bonne recette pour utiliser les restes de viande et de légumes cuits. Vous pouvez l'essayer avec des dés de jambon, de poulet, de porc, des lanières de chou ou des châtaignes d'eau en conserve.

Le meilleur de l'Asie

Riz au lait de coco

Préparation : 10 minutes
Cuisson : 25 minutes

Pour 4 à 6 personnes

500 g de riz basmati
47 cl de lait de coco (voir page 156)
1 oignon coupé en deux et émincé
2 c. à s. de sucre
½ c. à c. de sel
assaisonnement au sésame (voir ci-dessous),
   pour servir

1 Mettre le riz, le lait de coco, l'oignon, le sucre et le sel dans un wok. Couvrir d'eau jusqu'à 2,5 cm au-dessus du niveau du riz. Porter à ébullition, réduire la chaleur, couvrir et laisser cuire doucement pendant 20 minutes. Ajouter un peu d'eau si nécessaire. Remuer soigneusement le riz une ou deux fois pour l'empêcher d'attacher au fond du wok.

2 Pour servir, aérer le riz avec une fourchette et le saupoudrer avec l'assaisonnement au sésame.

À savoir
Pour préparer l'assaisonnement au sésame, chauffez un wok et faites-y revenir 4 cuillerées à soupe de graines de sésame avec 1 cuillerée à soupe de sel pendant 4 minutes, pour dessécher les graines de sésame, en remuant constamment.

Le meilleur de l'Asie

Laksa

Préparation : 25 minutes
Cuisson : de 20 à 25 minutes

Pour 4 personnes

- 3 c. à s. d'huile d'arachide
- 2 gros oignons finement hachés
- 4 gousses d'ail écrasées
- 3 petits piments rouges frais épépinés et finement hachés
- 75 g de cacahuètes grillées pilées (voir page 157) + supplément, pour décorer
- 1 c. à s. de coriandre moulue
- 1 c. à s. de cumin moulu
- 2 c. à c. de curcuma moulu
- 1,2 l de lait de coco (voir page 156)
- 1 c. à c. de pâte de crevettes
- sel et poivre
- 1 à 2 c. à s. de sucre
- 375 g de poulet cuit coupé en lanières
- 175 g de germes de soja
- 500 g de nouilles fraîches
- 4 oignons de printemps hachés + supplément, pour décorer
- 3 c. à s. de feuilles de coriandre hachées
- 1 gros piment rouge frais épépiné et émincé, pour décorer

À savoir
Aux Philippines, on prépare ce plat riche et crémeux avec des nouilles transparentes, tandis que, en Indonésie, on utilise des nouilles de riz plates.

1 Chauffer l'huile dans un wok. Y faire revenir les oignons jusqu'à ce qu'ils soient dorés. Ajouter l'ail, les piments, les cacahuètes, la coriandre, le cumin et le curcuma, faire frire de 2 à 3 minutes, jusqu'à ce que les condiments et épices soient bien cuits et libèrent leurs parfums.

2 Ajouter le lait de coco et la pâte de crevettes tout en remuant, couvrir et laisser cuire pendant 15 minutes. Assaisonner avec du sel, du poivre et le sucre. Ajouter les lanières de poulet, la moitié des germes de soja, et poursuivre la cuisson encore 5 minutes.

3 Blanchir les nouilles dans de l'eau bouillante et les répartir dans quatre grands bols. Parsemer les oignons de printemps et la coriandre, répartir le reste des germes de soja crus dans les bols.

4 Disposer le poulet sur les nouilles et verser la sauce à la noix de coco dessus. Décorer avec des oignons de printemps émincés, le piment et des cacahuètes grillées. Servir.

Le meilleur de l'Asie

Chow mein

Préparation : 10 minutes
Cuisson : de 5 à 8 minutes

Pour 4 personnes

500 g de nouilles aux œufs séchées
4 c. à s. d'huile d'arachide
1 oignon finement émincé
125 g de porc, de poulet ou de jambon cuit coupé en lanières
125 g de haricots mange-tout ou de haricots verts effilés
125 g de germes de soja
sel
2 ou 3 oignons de printemps finement émincés
2 c. à s. de sauce soja claire
1 c. à s. d'huile de sésame et/ou de sauce aux piments
   (voir page 156)

1 Cuire les nouilles dans une grande casserole d'eau salée en suivant les instructions données sur l'emballage. Les égoutter et les rincer à l'eau froide pour les refroidir. Réserver.

2 Chauffer 3 cuillerées à soupe d'huile environ dans un wok. Y faire sauter l'oignon, la viande, les mange-tout ou les haricots verts et les germes de soja 1 minute environ. Ajouter du sel tout en remuant. Retirer du wok avec une écumoire et réserver au chaud.

3 Chauffer le reste d'huile dans le wok. Ajouter les oignons de printemps et les nouilles avec la moitié de la viande et des légumes. Ajouter la sauce soja tout en mélangeant et faire sauter le mélange de 1 à 2 minutes, jusqu'à ce qu'il soit bien chaud.

4 Répartir la préparation dans quatre bols et disposer le reste de viande et de légumes sur le dessus. Verser l'huile de sésame ou la sauce aux piments, ou les deux, et servir immédiatement.

Conseil

Pour préparer un chow mein végétarien, remplacez la viande par 1 poivron finement émincé ; de 1 à 2 minutes avant de servir, ajoutez 175 g de chou chinois et d'épinards coupés en fines lanières.

Le meilleur de l'Asie

Nouilles sautées de Singapour

Préparation : 25 minutes
Cuisson : 15 minutes

Pour 4 personnes

2 c. à s. d'huile d'arachide
1 oignon haché
3 gousses d'ail écrasées
2 c. à s. de sauce aux haricots noirs + supplément, pour servir
2 c. à s. de vin de riz ou de xérès sec
1 piment rouge frais épépiné et finement haché
½ c. à c. de poudre de cinq-épices
60 cl de bouillon de volaille (voir page 154) ou d'eau
250 g de nouilles aux œufs fraîches
150 g de germes de soja
250 g de porc rôti coupé en morceaux
125 g de pak-choï haché grossièrement
125 g de crevettes crues décortiquées et débarrassées de la veine dorsale
sel

POUR SERVIR :
6 échalotes frites croustillantes (voir page 157)
2 œufs cuits en omelette, coupée en fines lanières
2 piments rouges frais épépinés et coupés en biseau
quelques brins de coriandre
sauce aux piments (voir page 156)

1 Chauffer l'huile dans un wok. Y faire sauter l'oignon jusqu'à ce qu'il brunisse. Ajouter l'ail, la sauce aux haricots noirs, le vin de riz ou le xérès, le piment et la poudre de cinq-épices. Poursuivre la cuisson pendant 2 minutes.

2 Ajouter le bouillon ou l'eau, les nouilles et les germes de soja, porter à ébullition tout en remuant.

3 Ajouter le porc, le pak-choï, les crevettes, saler, faire revenir pendant 4 minutes. Disposer les échalotes, les lanières d'omelette, les piments et des feuilles de coriandre sur le dessus de la préparation. Servir avec de la sauce aux piments.

L'astuce
Vous pouvez préparer votre rôti de porc vous-même ou, pour une recette plus authentique, acheter du porc rôti à la chinoise. Vous pouvez aussi utiliser du bacon chinois, du rôti nature ou du jambon cuit.

Le meilleur de l'Asie

Nouilles sautées à la thaïlandaise

Préparation : 15 minutes + temps de trempage
Cuisson : de 20 à 25 minutes

Pour 2 personnes

3 c. à s. d'huile d'arachide
175 g de tofu frit coupé en dés
1 c. à s. d'ail haché
125 g de nouilles transparentes trempées dans de l'eau puis égouttées
25 g de carotte râpée
2 c. à s. de vinaigre de riz blanc ou de vinaigre de vin de riz
2 c. à s. de sauce soja
10 cl d'eau
2 œufs
3 c. à c. de sucre
2 oignons de printemps émincés
½ c. à c. de poivre

POUR SERVIR :
1 c. à s. de cacahuètes grillées pilées (voir page 157)
125 g de germes de soja
1 oignon de printemps coupé en deux dans la longueur

1 Chauffer 2 cuillerées à soupe d'huile dans un wok. Y faire sauter le tofu jusqu'à ce qu'il brunisse puis ajouter l'ail, les nouilles, la carotte, le vinaigre, la sauce soja et l'eau tout en remuant.

2 Repousser la préparation sur un côté du wok et ajouter les œufs. Crever les jaunes, les remuer et les ajouter aux nouilles petit à petit.

3 Verser le reste d'huile dans le wok, y ajouter le sucre, les oignons de printemps et le poivre. Cuire de 2 à 3 minutes en faisant sauter les ingrédients et en remuant constamment.

4 Transférer la préparation sur un plat. Saupoudrer de cacahuètes. Servir avec les germes de soja et l'oignon de printemps.

Conseil
Pour un plat plus substantiel, vous pouvez faire sauter des légumes coupés en petits morceaux tels que de petits bouquets de brocolis, des haricots mange-tout ou des haricots verts fins en même temps que le tofu.

Le meilleur de l'Asie

Légumes sautés de Shanghai

Préparation : 20 minutes
Cuisson : 8 minutes

Pour 4 à 6 personnes

4 c. à s. de sauce aigre-douce
225 g de dés d'ananas en boîte égouttés (jus réservé)
2 c. à s. d'huile d'arachide
2 carottes coupées en bâtonnets
1 bulbe de fenouil émincé, avec quelques plumets, pour décorer
1 poivron rouge vidé, épépiné et coupé en fines lanières dans la longueur
1 poivron vert vidé, épépiné et coupé en fines lanières dans la longueur
125 g de germes de soja
175 g de chou blanc chinois (bok-choï) émincé
sel et poivre
noix de cajou, noix de macadamia ou cacahuètes hachées, pour décorer

1 Diluer la sauce aigre-douce dans 3 cuillerées à soupe d'eau ou de jus d'ananas.

2 Chauffer l'huile dans un wok à feu modéré. Y faire sauter les carottes, le fenouil et les poivrons de 3 à 4 minutes, jusqu'à ce qu'ils ramollissent.

3 Verser la sauce aigre-douce dans le wok, augmenter la chaleur et faire cuire jusqu'au début de l'ébullition. Ajouter les dés d'ananas, les germes de soja et poursuivre la cuisson 1 minute, jusqu'à ce qu'ils soient chauds. Incorporer le chou blanc chinois et cuire encore 1 minute, jusqu'à ce que tous les ingrédients soient bien mélangés et très chauds. Saler, poivrer, saupoudrer de noix et de plumets de fenouil. Servir immédiatement.

L'astuce
Servez ce plat avec du riz blanc ou comme accompagnement de viandes marinées et grillées, du poulet ou du porc, par exemple.

Le meilleur de l'Asie

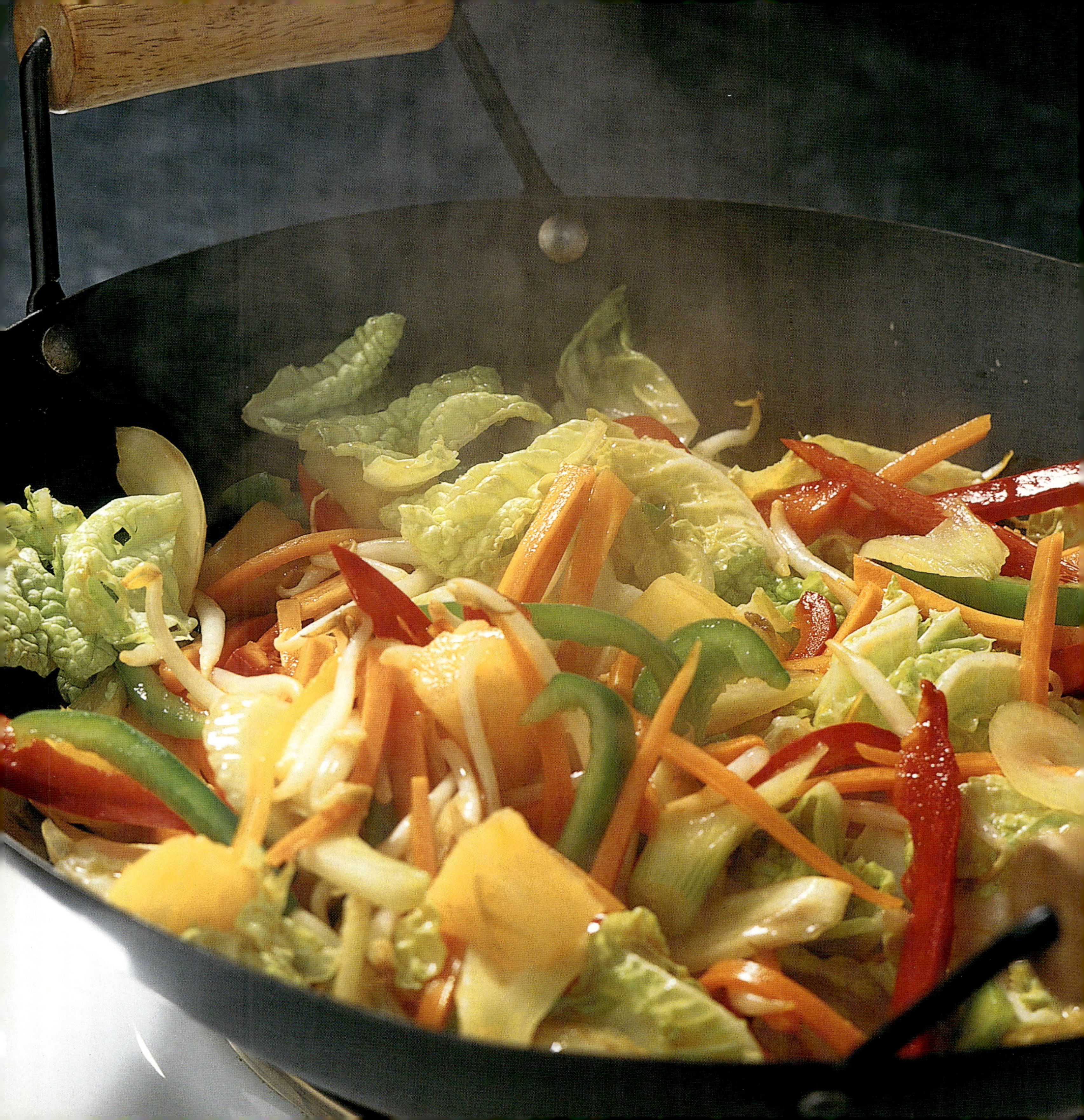

Les ingrédients essentiels

Les minis-épis de maïs
Ces épis de maïs, de la taille d'un doigt, sont de couleur jaune pâle et ont un parfum délicat et sucré. Ils sont délicieux frits dans un wok, mais on peut aussi les cuire à l'eau rapidement et les servir en légumes.

Les racines de bambou
Ce sont les jeunes racines, de couleur ivoire et de forme conique, des bambous comestibles. Elles sont tendres et légèrement croquantes et donnent une saveur douce aux plats.

Les germes de soja
Ce sont des haricots mungo. Leur cuisson doit être rapide, pour qu'ils conservent leur texture. Les germes de soja frais doivent être utilisés rapidement après l'achat, car ils se conservent mal.

Les piments
En règle générale, les piments plus petits sont les plus forts, et les rouges sont légèrement moins forts que les verts. La force du piment est concentrée dans la membrane qui entoure les graines : ils sont donc beaucoup moins forts lorsqu'on élimine ces dernières.

Le chou blanc chinois (bok-choï)
Ce légume aux feuilles vertes croquantes est comparable aux bettes, mais son goût est légèrement piquant. Il a une saveur délicate. On l'utilise en salade, sauté ou braisé.

Lait et crème de coco
On les trouve facilement en boîte, en sachet ou en bloc compact, à diluer dans de l'eau. On peut préparer le lait de coco soi-même (voir page 156). Le lait de coco frais se conserve de 1 à 2 jours au réfrigérateur. Il faut constamment remuer la crème de coco pendant la cuisson, car elle a tendance à tourner.

La coriandre
C'est un ingrédient essentiel dans la cuisine thaïlandaise. Toutes les parties de cette herbe au goût légèrement âcre sont comestibles : les feuilles, les tiges, les racines et les graines.

Le galanga
C'est une racine similaire au gingembre, mais sa peau est plus fine, légèrement plus foncée et son goût moins piquant. On le trouve dans certains supermarchés et dans les épiceries asiatiques. On l'utilise et on le conserve de la même façon que le gingembre. Moulu, il prend le nom de poudre du Laos ; sous cette forme, il n'a pas aussi bon goût que lorsqu'il est frais. À défaut de galanga, utiliser de la racine de gingembre frais.

L'ail
L'ail est un ingrédient essentiel pour cuisiner au wok. L'ail frais est de loin le meilleur ; les gousses peuvent être utilisées entières, hachées ou écrasées. Il faut le conserver dans un endroit frais et sec.

Le gingembre
La racine de gingembre frais est très utilisée dans la cuisine du Sud-Est asiatique en raison de sa saveur épicée. Choisir de belles racines à peau lisse. Avant emploi, on l'épluche puis on la coupe, on la hache ou on la râpe suivant la recette. On peut conserver le gingembre coupé ou haché, dans un sachet à l'abri de l'air et au réfrigérateur, jusqu'à 2 semaines. Il se congèle très bien.

Les feuilles de lime de Cafre
Ce sont les feuilles d'une plante qui pousse dans le Sud-Est de l'Asie. On peut les acheter fraîches ou séchées

Le meilleur de l'Asie

dans les épiceries asiatiques et dans certains supermarchés. À défaut, utiliser le zeste ou le jus d'un citron vert.

La citronnelle
C'est la tige d'une plante au fort goût de citron qui ressemble à une herbe. On la trouve dans certains supermarchés et dans les épiceries asiatiques. Il faut retirer les feuilles extérieures qui sont dures ainsi que les extrémités. On peut l'émincer ou l'utiliser entière, suivant la recette. Dans ce cas, la retirer du plat avant de servir. On peut la remplacer par du zeste ou un trait de jus de citron vert.

Les nouilles
Il existe de nombreuses variétés de nouilles, mais les plus courantes sont les nouilles aux œufs, les nouilles de riz (vermicelles de riz et nouilles de riz plates) et les nouilles de haricots ou nouilles transparentes. On peut acheter des nouilles aux œufs fraîches dans les épiceries chinoises, mais les nouilles séchées que l'on trouve dans les supermarchés sont tout aussi bonnes. Les vermicelles de riz sont très fins, blancs et légèrement transparents. Les nouilles de riz plates sont identiques aux vermicelles de riz, mais elles sont plus plates et plus larges. Dans les supermarchés chinois, on les trouve parfois fraîches, sous le nom de ho fun. Les nouilles transparentes, également appelées nouilles Cellophane, ressemblent aux vermicelles de riz, mais elles sont à base de haricots mungo.

Le chou chinois
Il existe différentes variétés de choux chinois : le pak-choï, le ung-choï et le choï-sum, qui sont interchangeables. On les trouve dans certains supermarchés et dans les épiceries asiatiques. On peut les remplacer par du bok-choï ou chou blanc chinois, l'équivalent des bettes.

La papaye
C'est un fruit tropical que l'on trouve facilement aujourd'hui ailleurs que dans les épiceries asiatiques. Quand elle n'est pas mûre, on utilise sa chair vert pâle dans les salades. À maturité, sa chair orangée est très sucrée et savoureuse.

Les galettes de riz pour les rouleaux de printemps
Elles sont à base de farine et d'eau, de couleur blanche. On les trouve dans les épiceries et supermarchés chinois, en sachets, fraîches ou surgelées. Il faut donc les manier avec précaution, car elles sont très fragiles. Si on ne trouve pas la taille ou la forme dont on a besoin, il est facile d'adapter celles disponibles en les retaillant. Les galettes de riz sont sèches : pour les humidifier, les badigeonner d'œuf ou de blanc d'œuf. On peut les remplacer, le cas échéant, par des feuilles de pâte à filo que l'on découpera aux dimensions souhaitées.

Le tofu
Il est fabriqué à partir du soja. Il est très nourrissant et absorbe les saveurs des autres ingrédients. C'est un excellent substitut de la viande rouge pour les végétariens ou lorsque l'on doit suivre un régime alimentaire. Il en existe plusieurs variétés, et on le connaît aussi sous le nom de fromage de soja. On trouve du tofu blanc frais sous forme de blocs, dans son eau. Il est très fragile et se casse si on le remue trop. Le tofu jaune, déjà frit, est vendu en cubes qui sont plus solides ; il est parfait pour être sauté au wok. On peut aussi acheter des pains de fromage de soja blanc solides, conditionnés sous plastique, que l'on peut frire, à défaut de tofu jaune.

Les châtaignes d'eau
On les trouve en conserve et parfois fraîches. Elles sont blanches, avec une peau marron. Ce sont les tubercules d'une variété de plante aquatique. Elles sont croquantes et sucrées, même une fois cuites. Les châtaignes d'eau en conserve n'ont pas beaucoup de goût, mais leur consistance reste cependant délicieusement croquante.

La pâte à wonton
La pâte à wonton, parfois appelée « pâte à beignets », est vendue dans de petits sachets en plastique au rayon frais ou surgelés des épiceries et supermarchés chinois. Elle se présente le plus souvent en carrés, mais il existe aussi des galettes rondes, les uns et les autres disponibles dans différentes tailles ; si on ne trouve pas celle qui convient exactement pour la recette, il suffit de retailler le carré ou le rond à la dimension souhaitée. La pâte à wonton est faite de farine, d'œuf et d'eau, et, contrairement aux galettes de riz pour les rouleaux de printemps, qui sont blanches, elle est de couleur jaune. On peut la remplacer par de la pâte à filo, ou la confectionner soi-même (voir page 157).

Chapitre 4
Cuisine santé

Dans ce chapitre, vous trouverez des idées pour préparer des plats riches et savoureux grâce aux techniques de cuisson au wok : la friture, la cuisson en marmite à grande ou petite ébullition et la cuisson à la vapeur, ainsi que des conseils pour préparer une délicieuse cuisine végétarienne au wok.

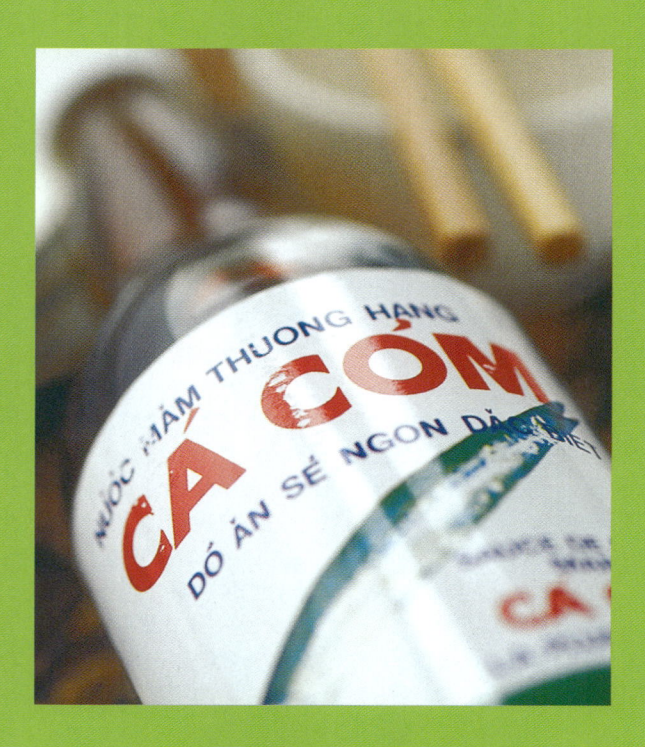

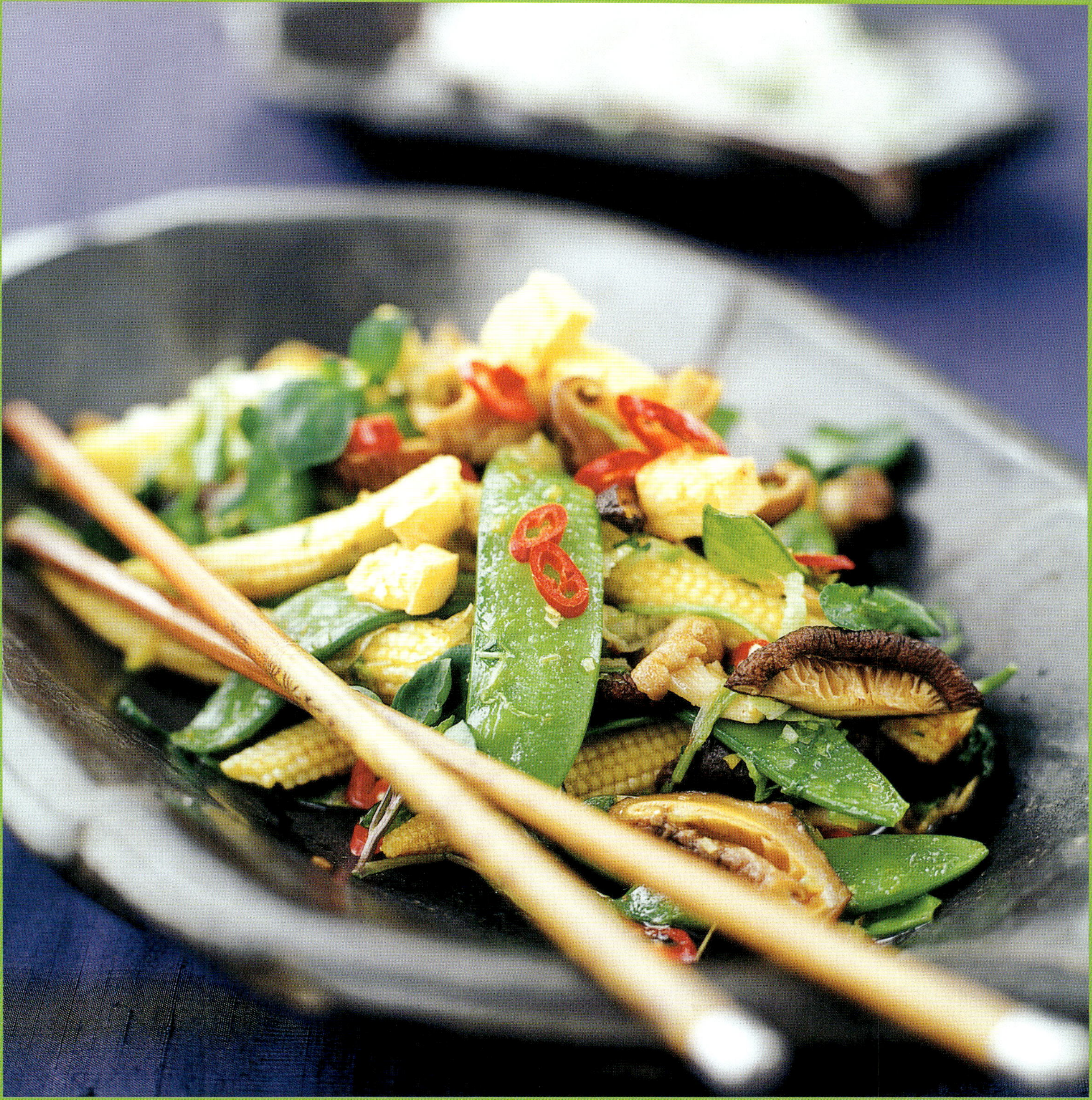

Soupe aux nouilles et au poulet mariné

Préparation : 25 minutes + temps de repos
Cuisson : 30 minutes

Pour 4 à 6 personnes

300 g de blancs de poulet sans la peau
1 c. à c. de curcuma moulu
2 c. à c. de sel
2 branches de citronnelle
3 c. à s. de cacahuètes mondées et grillées
3 c. à s. de riz blanc à longs grains grillé
2 c. à s. d'huile d'arachide
1 oignon haché
3 gousses d'ail écrasées
1 morceau de racine de gingembre frais de 5 cm épluché et finement haché
½ c. à c. de paprika
2 piments rouges frais épépinés et hachés
2 ou 3 c. à s. de sauce de poisson thaïe (nam pla) + 1 trait, pour servir
90 cl d'eau
250 g de nouilles somen

POUR SERVIR :
3 œufs durs coupés en deux
3 c. à s. de feuilles de coriandre hachées
3 oignons de printemps finement hachés
piment séché écrasé

1 Couper les blancs de poulet en cubes de 2,5 cm. Mélanger le curcuma et le sel, frotter les cubes de poulet du mélange et laisser reposer pendant 30 minutes.

2 Écraser la citronnelle avec un rouleau à pâtisserie pour que son arôme se dégage bien. Hacher finement les cacahuètes dans un mixer ou avec un pilon et un mortier. Réduire le riz en poudre dans un mixer ou un moulin à épices. Réserver.

3 Chauffer l'huile dans un wok. Y faire frire l'oignon jusqu'à ce qu'il ramollisse. Ajouter le poulet, l'ail, le gingembre, la citronnelle, le paprika et les piments. Verser la sauce de poisson thaïe et l'eau tout en remuant et porter à ébullition.

4 Réduire la chaleur et laisser cuire doucement. Ajouter les cacahuètes et le riz dans le wok et laisser frémir de 10 à 15 minutes, jusqu'à ce que le poulet soit bien cuit et que le bouillon ait légèrement épaissi.

5 Faire cuire les nouilles dans de l'eau bouillante selon les instructions données sur l'emballage, de façon qu'elles soient juste cuites. Les égoutter et les rafraîchir à l'eau froide, les répartir dans des bols à soupe.

6 Verser la soupe de poulet sur les nouilles avec une louche. Décorer avec les demi-œufs durs, la coriandre et les oignons de printemps. Ajouter un trait de sauce de poisson thaïe et saupoudrer de piment séché.

Conseil
Faites griller les cacahuètes et le riz séparément. Chauffez une poêle, ajoutez les cacahuètes et remuez fréquemment jusqu'à coloration dorée. Procédez de la même façon pour le riz.

Raviolis wonton vietnamiens

Préparation : 25 minutes + temps de refroidissement
Cuisson : de 10 à 15 minutes

Pour 4 à 6 personnes

500 g de porc maigre haché
2 c. à s. de champignons noirs séchés trempés dans de l'eau et finement hachés
2 petites échalotes finement hachées
2 gousses d'ail écrasées
1 piment vert frais épépiné et finement haché
25 g de coriandre (feuilles et tiges)
1 c. à c. de sel
1 c. à c. de poivre
2 c. à s. d'huile d'arachide
1 c. à s. de Maïzena
2 c. à s. d'eau
20 à 24 carrés de pâte à wonton (voir page 157)
sauce au vinaigre et à la sauce soja (voir page 156)

POUR GARNIR :
échalotes frites croustillantes (voir page 157)
bâtonnets de concombre

1 Préparer la farce : mélanger le porc, les champignons noirs, les échalotes, l'ail, le piment, la coriandre, le sel et le poivre dans un saladier.

2 Chauffer l'huile dans un wok. Y faire sauter la farce pendant 5 minutes environ, jusqu'à ce qu'elle soit bien cuite. Laisser refroidir.

3 Mélanger la Maïzena et l'eau dans un bol pour obtenir une pâte lisse, en ajoutant un peu d'eau si nécessaire.

4 Appliquer ce mélange, avec les doigts, sur les bords des carrés de pâte à wonton. Placer 1 cuillerée à café de farce au centre d'un carré de pâte et lui donner la forme d'une saucisse. Rouler le carré de pâte en pressant bien les bords. Confectionner tous les raviolis de la même façon.

5 Faire cuire les raviolis à la vapeur de 5 à 6 minutes. Servir avec des échalotes frites croustillantes et des bâtonnets de concombre. Pour déguster, tremper les raviolis dans la sauce.

À savoir
Si vous n'avez pas d'autocuiseur, vous pouvez faire cuire les raviolis dans de l'eau bouillante de 5 à 6 minutes.

Cuisine santé

Poisson à l'aigre-doux, sauce rouge

Préparation : 15 minutes
Cuisson : 15 minutes

Pour 4 personnes

1 poisson entier de 1 kg
1 c. à c. de sel
2 c. à s. de farine
huile pour friture
15 g de shiitake séchés trempés dans de l'eau chaude pendant 20 minutes
50 g de pousses de bambou coupées en dés
3 gousses d'ail écrasées
4 oignons de printemps hachés
3 tranches de racine de gingembre frais épluchées et coupées en lanières
25 g de châtaignes d'eau émincées

SAUCE :
1 c. à s. de Maïzena
2 c. à s. de sauce soja claire
2 c. à s. de vin de riz ou de xérès sec
1 c. à s. de sucre roux
1 c. à s. de vinaigre
1 c. à s. de concentré de tomate
2 c. à s. de fumet de poisson (voir page 154)

1 Rincer le poisson et l'essuyer avec du papier absorbant. Pratiquer des entailles tous les 2 cm, avec un couteau tranchant, sur les deux faces du poisson. Saler et saupoudrer de farine.

2 Chauffer l'huile dans un wok à 180°C (un dé de pain doit y dorer en 30 secondes). Y faire frire le poisson entier de 6 à 7 minutes, pour qu'il soit bien cuit et croustillant, en le retournant à mi-cuisson. Retirer le poisson du wok et l'égoutter sur du papier absorbant.

3 Vider l'huile du wok, en en laissant la valeur de 3 cuillerées à soupe. Égoutter les champignons, bien les presser et retirer les morceaux durs. Les ajouter dans le wok avec les pousses de bambou, l'ail, les oignons de printemps, le gingembre et les châtaignes d'eau et faire sauter ces légumes pendant 3 minutes.

4 Préparer la sauce en mélangeant tous les ingrédients dans un bol. La verser dans le wok. Mélanger à feu modéré jusqu'à ce que la sauce épaississe. Disposer le poisson sur un plat de service et le napper de sauce. Servir immédiatement.

Conseil
Utilisez un poisson tel qu'une carpe, une brème ou un mulet, par exemple.

Cuisine santé

Poisson à la sauce aux haricots noirs

Préparation : 15 minutes
Cuisson : de 25 à 30 minutes

Pour 4 personnes

2 c. à c. d'huile de sésame
25 g de racine de gingembre frais épluchée et coupée en lanières
1 grosse gousse d'ail hachée
3 c. à s. de haricots noirs fermentés
1 c. à s. de jus de citron
2 c. à s. de sauce soja
2 c. à c. de sucre
15 cl de vin de riz ou de xérès sec
750 g de filets de poisson blanc à chair ferme sans la peau coupés en deux
4 gros oignons de printemps émincés en biseau + supplément, pour servir
1 poivron rouge vidé, épépiné, grillé et coupé en fines lanières, pour décorer
nouilles de riz , pour servir (facultatif)

1 Chauffer l'huile dans un wok. Y faire sauter le gingembre, l'ail et les haricots noirs pendant 2 minutes. Ajouter le jus de citron, la sauce soja, le sucre et le vin de riz ou le xérès.

2 Déposer les filets de poisson dans le wok et laisser cuire doucement de 20 à 25 minutes, jusqu'à ce que le poisson soit bien cuit. Parsemer les oignons sur le poisson et laisser cuire encore quelques minutes. Mettre le poisson et la sauce dans un plat de service chaud. Décorer avec les lanières de poivron et les oignons de printemps. Servir immédiatement, éventuellement avec des nouilles de riz.

Conseil
Pour réaliser ce plat, vous pouvez utiliser du cabillaud, du haddock ou du lieu noir. Pour une grande occasion, utilisez plutôt un bar entier, mais assurez-vous qu'il soit bien cuit à l'intérieur avant de servir.

Cuisine santé

Noix de saint-jacques et crevettes sautées aux légumes

Préparation : de 20 à 25 minutes
Cuisson : de 6 à 8 minutes

Pour 4 à 6 personnes

4 à 6 grosses noix de saint-jacques fraîches
125 à 175 g de crevettes crues décortiquées et débarrassées de la veine dorsale
1 blanc d'œuf
1 c. à s. de Maïzena
huile pour friture
2 tranches de racine de gingembre frais épluchées et finement hachées
2 ou 3 oignons de printemps émincés
3 branches de céleri épluchées et coupées en dés
1 poivron rouge vidé, épépiné et coupé en dés
1 ou 2 carottes coupées en petits dés
2 c. à s. de vin de riz ou de xérès
1 c. à s. de sauce soja claire
sel
2 c. à c. de sauce de haricots de soja aux piments (facultatif)
2 c. à s. d'eau
1 c. à c. d'huile de sésame

1 Couper chaque noix de saint-jacques en 3 ou 4 morceaux. Laisser les crevettes entières si elles sont petites, sinon les couper en 2 ou 3 morceaux chacune. Mettre les noix de saint-jacques et les crevettes dans un saladier avec le blanc d'œuf et la moitié environ de la Maïzena. Mélanger.

2 Chauffer l'huile dans un wok. Y faire sauter les noix de saint-jacques et les crevettes 1 minute, en mélangeant constamment avec des baguettes pour que les morceaux ne collent pas entre eux. Retirer avec une écumoire et égoutter sur du papier absorbant.

3 Vider l'huile du wok, en en laissant la valeur de 2 cuillerées à soupe, augmenter la chaleur au maximum et y faire sauter les légumes 1 minute. Remettre les noix de saint-jacques dans le wok, ajouter le vin de riz ou le xérès, la sauce soja et le sel. Ajouter, éventuellement, de la sauce de haricots de soja aux piments.

4 Faire une pâte lisse avec le reste de Maïzena, en la mélangeant avec l'eau, l'ajouter dans le wok et bien mélanger pour épaissir la préparation. Arroser avec l'huile de sésame et servir.

À savoir
D'autres légumes accompagnent parfaitement les noix de saint-jacques et les crevettes. Essayez les pois gourmands, les haricots mange-tout et les mini-épis de maïs coupés en rondelles.

Poulet sauté aux shiitake

Préparation : 15 minutes + temps de trempage
Cuisson : 30 minutes

Pour 4 personnes

25 g de shiitake séchés
5 c. à s. d'huile de tournesol
2 gousses d'ail écrasées
250 g de blancs de poulet sans la peau coupés en lanières
50 g de mini-épis de maïs blanchis
17,5 cl de bouillon de volaille (voir page 154)
1 c. à s. de sauce de poisson thaïe (nam pla)
1 bonne pincée de sel
1 bonne pincée de sucre
½ c. à s. de Maïzena
2 c. à s. d'eau

Conseil
Pour un plat plus consistant, remplacez le poulet par des magrets de canard.

1 Faire tremper les shiitake dans de l'eau chaude pendant 20 minutes. Les égoutter, ôter les pieds et couper les têtes en morceaux. Réserver.

2 Chauffer l'huile dans un wok. Y faire cuire l'ail à feu modéré jusqu'à ce qu'il blondisse, puis y faire sauter le poulet pendant 10 minutes. Retirer les ingrédients du wok. Réserver.

3 Chauffer le reste d'huile dans le wok. Y faire sauter les champignons et le maïs de 1 à 2 minutes. Ajouter le bouillon et porter à ébullition. Réduire la chaleur, remettre le poulet dans le wok et assaisonner avec la sauce de poisson thaïe, le sel et le sucre.

4 Laisser cuire pendant 10 minutes, jusqu'à ce que le poulet soit tendre et que le liquide ait réduit de moitié environ. Mélanger la Maïzena avec l'eau pour obtenir une pâte lisse. L'ajouter à la préparation et laisser cuire tout en remuant constamment jusqu'à ce que la sauce ait épaissi. Servir immédiatement.

Cuisine santé

Curry de poulet birman aux nouilles transparentes

Préparation : 30 minutes
Cuisson : 50 minutes

Pour 4 personnes

4 c. à s. d'huile d'arachide
625 g de blancs de poulet sans la peau coupés en petits morceaux
1½ c. à c. de poudre de piment
½ c. à c. de curcuma moulu
½ c. à c. de sel
60 cl de lait de coco (voir page 156)
30 cl de bouillon de volaille (voir page 154)
50 g de crème de coco en bloc hachée
375 g de nouilles transparentes
1 c. à s. d'huile de sésame
sel

PÂTE ÉPICÉE :
4 grosses gousses d'ail écrasées
2 oignons hachés
1 gros piment rouge frais épépiné et haché
1 morceau de racine de gingembre frais de 2,5 cm épluché et haché
1 c. à c. de pâte de crevettes

POUR SERVIR :
3 oignons de printemps émincés
2 c. à s. d'échalotes frites croustillantes (voir page 157)
2 c. à s. d'ail frit croustillant (voir page 157)
2 c. à s. de feuilles de coriandre
1 citron coupé en quartiers
piments séchés entiers frits (facultatif)

1 Préparer la pâte épicée : mixer tous les ingrédients pour obtenir une pâte épaisse.

2 Chauffer l'huile dans un wok, y faire revenir la pâte épicée à feu modéré pendant 5 minutes, jusqu'à ce qu'elle ramollisse.

3 Faire sauter les morceaux de poulet dans le wok pendant 5 minutes. Ajouter le piment, le curcuma, le sel, le lait de coco et le bouillon. Porter le curry à ébullition, réduire la chaleur et laisser cuire doucement de 15 à 20 minutes, en remuant de temps en temps, jusqu'à ce que le poulet devienne tendre.

4 Ajouter la crème de coco, laisser mijoter à feu doux de 2 à 3 minutes tout en remuant, pour qu'elle soit complètement dissoute et ait épaissi la sauce légèrement. Goûter et rectifier l'assaisonnement si nécessaire.

5 Mettre les nouilles dans de l'eau bouillante salée. Porter de nouveau à ébullition et laisser cuire les nouilles pendant 3 minutes, ou selon les instructions données sur l'emballage. Les égoutter et les mélanger à l'huile de sésame.

6 Pour servir, répartir les nouilles dans quatre grands bols et, à l'aide d'une louche, verser le curry de poulet sur chaque portion. Servir les accompagnements à part.

À savoir
Ce plat traditionnel de Birmanie se sert avec des nouilles. C'est une recette idéale pour un dîner entre amis, car avec les accompagnements, c'est un plat complet.

Cuisine santé

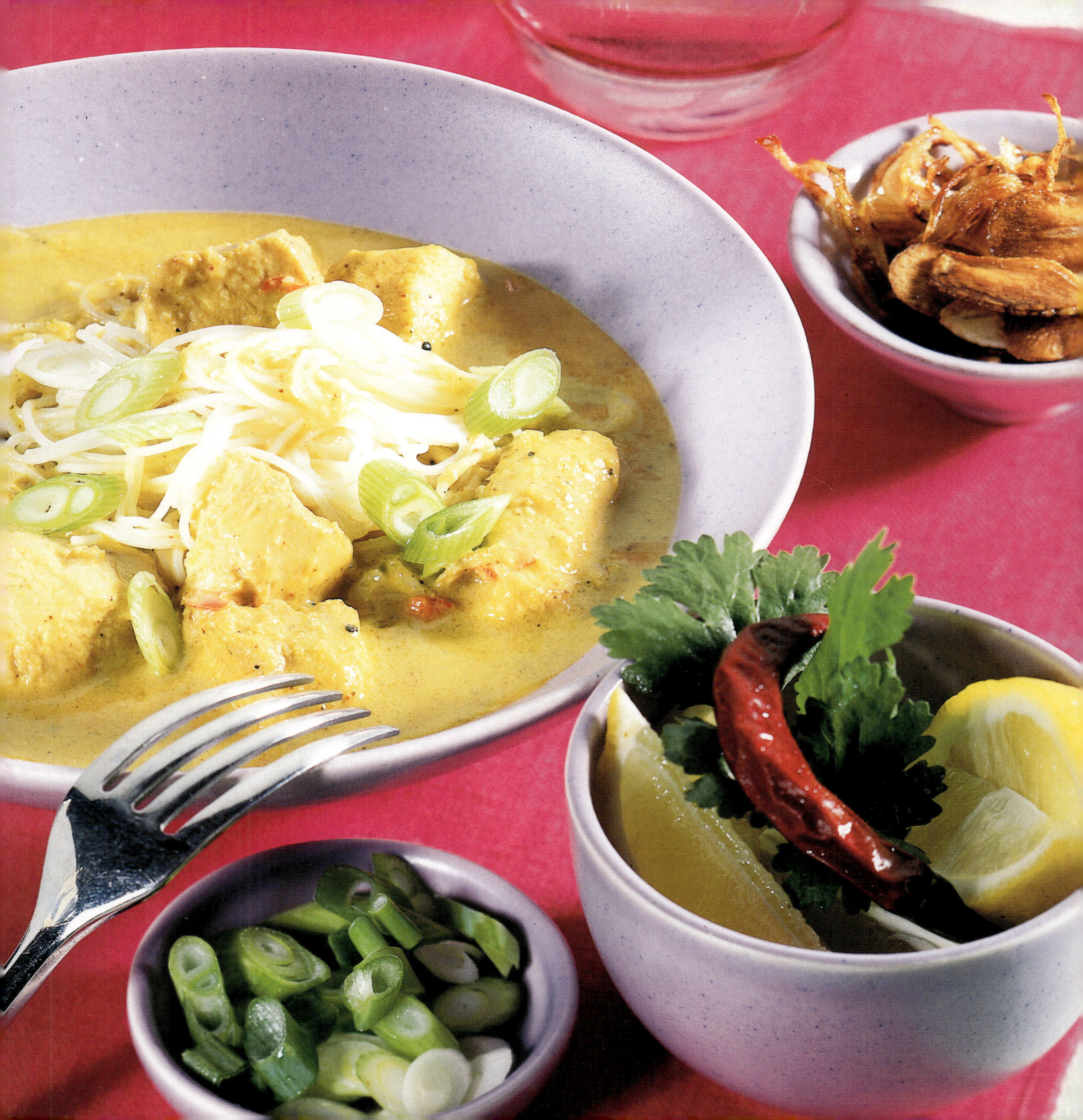

Porc au caramel

Préparation : 15 minutes
Cuisson : 35 minutes

Pour 4 personnes

100 g de sucre de palme ou de sucre roux
12,5 cl de sauce de poisson thaïe (nam pla)
4 c. à s. d'échalotes hachées
2 gousses d'ail hachées
1 c. à c. de poivre
500 g de filet de porc émincé
4 œufs durs écalés et coupés en deux
fleurs de ciboule chinoise, pour décorer
riz, pour servir

1 Chauffer le sucre dans un wok à feu doux, en remuant constamment, jusqu'à ce qu'il fonde. Incorporer la sauce de poisson thaïe en continuant à remuer, pour bien mélanger.

2 Ajouter les échalotes, l'ail, le poivre et les tranches de porc à ce caramel. Couvrir et laisser cuire à petit feu pendant 30 minutes environ, en remuant de temps en temps.

3 Pour servir, disposer le porc dans un plat avec les œufs et les napper de sauce. Décorer avec des fleurs de ciboule chinoise et servir avec du riz.

Conseil
Ce plat est vietnamien. Pour le rendre vraiment authentique, vous pouvez utiliser de la sauce de poisson vietnamienne.

Cuisine santé

Porc sauté aux aubergines

Préparation : 10 minutes + temps de marinade
Cuisson : de 10 à 15 minutes

Pour 3 ou 4 personnes

175 g de filet de porc émincé
2 oignons de printemps finement hachés
   + supplément, pour décorer
1 gousse d'ail finement hachée
1 tranche de racine de gingembre frais épluchée
   et finement hachée
1 c. à s. de sauce soja
1 c. à c. de vin de riz ou de xérès sec
1½ c. à c. de Maïzena
huile pour friture
250 g d'aubergines coupées en morceaux
1 c. à s. de sauce aux piments (voir page 156)
4 c. à s. de bouillon de volaille (voir page 154) ou d'eau
riz blanc, pour servir

1 Mettre le porc dans un saladier avec les oignons de printemps, l'ail, le gingembre, la sauce soja, le vin de riz ou le xérès et la Maïzena. Bien mélanger et laisser mariner pendant 20 minutes environ.

2 Chauffer l'huile dans un wok à 180 °C (un dé de pain doit y dorer en 30 secondes). Baisser le feu, ajouter les aubergines et les faire frire 1 minute 30 environ. Les retirer du wok avec une écumoire et les égoutter sur du papier absorbant.

3 Vider l'huile du wok, en en laissant la valeur de 1 cuillerée à soupe. Y faire sauter le porc 1 minute environ.

4 Ajouter les aubergines et la sauce aux piments et laisser cuire 1 minute 30 environ. Mouiller avec le bouillon ou l'eau. Laisser mijoter jusqu'à ce que le liquide se soit presque complètement évaporé. Servir chaud, avec du riz, en parsemant des oignons de printemps hachés.

À savoir
Ce plat a le même succès avec du poulet. Procédez de la même façon, en remplaçant simplement le porc par du blanc de poulet sans la peau.

Cuisine santé

Canard à l'ananas

Préparation : 20 minutes
Cuisson : 1 h 10

Pour 4 personnes

1 canard de 2 kg
1,2 l d'eau
3 c. à s. de sauce soja noire
1 ananas
2 c. à s. d'huile de sésame
2 piments verts frais épépinés et finement tranchés
1 grosse gousse d'ail grossièrement hachée
250 g de châtaignes d'eau en conserve égouttées et coupées en morceaux
1 botte d'oignons de printemps coupés en biseau

1 Couper le canard en deux dans le sens de la longueur à l'aide d'un couperet et de cisailles à volailles. Placer les deux moitiés dans un wok, ajouter l'eau puis 1 cuillerée à soupe de sauce soja. Couvrir le wok et porter à ébullition. Réduire la chaleur pour que la préparation cuise doucement pendant 1 heure.

2 Pendant ce temps, préparer l'ananas. Enlever le plumet et couper la base ; ôter l'écorce et les « yeux » à l'aide d'un couteau. Couper le fruit en deux dans le sens de la longueur, retirer la partie centrale. Détailler les deux moitiés en tranches, en réservant le jus. Réserver.

3 Retirer le canard du bouillon et le réserver. Vider le bouillon du wok (le laisser refroidir et le dégraisser pour préparer des soupes chinoises et des plats en sauce par la suite). Essuyer le wok et y verser l'huile de sésame.

À savoir
La chair du canard est tendre et bien parfumée parce qu'elle est d'abord cuite dans du bouillon, puis sautée au wok. Vous pouvez remplacer l'ananas frais par de l'ananas en boîte, avec son jus, mais votre plat sera moins parfumé.

4 Quand le canard est suffisamment refroidi, retirer la chair et la couper en morceaux. Chauffer le wok. Ajouter les piments et l'ail, en écrasant celui-ci. Faire sauter les morceaux de canard jusqu'à ce qu'ils brunissent légèrement, puis incorporer les châtaignes d'eau, l'ananas et laisser cuire de 1 à 2 minutes. Ajouter le reste de sauce soja, le jus d'ananas et parsemer les oignons de printemps. Cuire encore 1 minute et servir immédiatement.

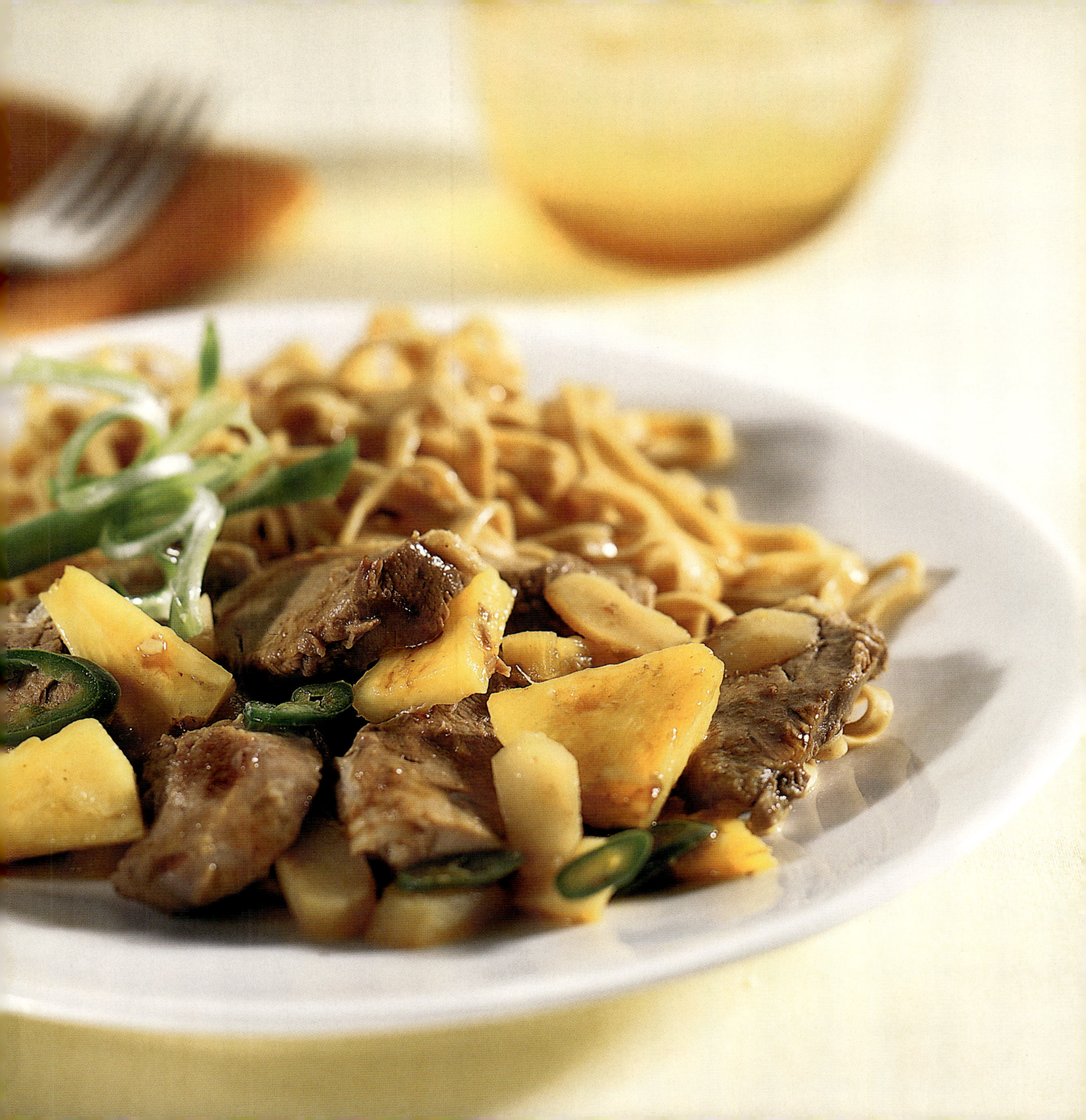

Bœuf sauté à la sauce d'huître

Préparation : 15 minutes + temps de marinade
Cuisson : 5 minutes

Pour 4 personnes

2 c. à s. de sauce d'huître
1 c. à s. de vin de riz ou de xérès sec
1 c. à s. de Maïzena
250 g de viande de bœuf finement émincée
125 g de shiitake séchés trempés dans de l'eau chaude pendant 20 minutes
4 c. à s. d'huile d'arachide
2 tranches de racine de gingembre frais épluchées et hachées
2 oignons de printemps hachés
175 g de brocolis en petits bouquets
125 g de pousses de bambou émincées
1 carotte émincée
1 c. à c. de sel
1 c. à c. de sucre
1 c. à c. de vinaigre
1 c. à s. d'eau

1 Mélanger la sauce d'huître, le vin de riz ou le xérès et la Maïzena dans un saladier. Ajouter les tranches de viande, les retourner pour bien les enrober de sauce, couvrir et laisser mariner au réfrigérateur pendant 20 minutes environ.

2 Égoutter les shiitake, bien les sécher, couper les pieds et émincer finement les têtes.

3 Chauffer la moitié de l'huile dans un wok. Y faire sauter la viande de 10 à 15 secondes. La retirer avec une écumoire et réserver.

4 Chauffer le reste d'huile, ajouter le gingembre, les oignons de printemps, les shiitake, les brocolis, les pousses de bambou, la carotte, le sel et le sucre. Faire sauter ces ingrédients 1 minute 30. Remettre la viande dans le wok, bien mélanger et arroser avec le vinaigre et l'eau. Réchauffer et servir immédiatement.

Conseil
Faites en sorte que les petits bouquets de brocoli soient de la même grosseur pour qu'ils cuisent uniformément. Pour la même raison, coupez la carotte en rondelles régulières.

Cuisine santé

Légumes sautés à la citronnelle

Preparation : 20 minutes + temps de trempage
Cuisson : 15 minutes

Pour 4 personnes

huile pour friture
125 g de tofu ferme coupé en cubes de 1 cm
3 tiges de citronnelle finement hachées
2 grosses gousses d'ail finement hachées
1 blanc de poireau finement émincé
250 g de chou blanc chinois finement émincé
3 shiitake chinois séchés trempés dans de l'eau chaude pendant 20 minutes et émincés
60 g de champignons noirs coupés en petits morceaux
125 g de haricots mange-tout
1 botte de cresson
6 mini-épis de maïs
1 gros piment rouge frais épépiné et émincé
10 cl de bouillon de légumes (voir page 154)
1 c. à s. de sauce soja claire
1 c. à c. de sucre de palme ou de sucre roux
1 c. à s. de sauce soja noire
sel et poivre

1 Chauffer 1 cm d'huile dans un wok et ajouter le tofu. Le cuire jusqu'à ce qu'il dore, puis le retirer et l'égoutter sur du papier absorbant.

2 Vider l'huile du wok, en en laissant la valeur de 1 cuillerée à soupe. La réchauffer. Y faire sauter la citronnelle, l'ail et le poireau 1 minute environ. Ajouter le reste des légumes, par petites quantités, en remuant constamment. Verser le bouillon, la sauce soja claire, le sucre et la sauce soja noire, mélanger et couvrir. Laisser cuire à feu modéré pendant 6 minutes environ. Remettre le tofu dans le wok, saler et poivrer.

À savoir
Si vous le servez avec du riz parfumé au jasmin, ce plat vietnamien fera un plat complet délicieux.

Cuisine santé

Salade de chou blanc

Préparation : 20 minutes
Cuisson : de 10 à 15 minutes

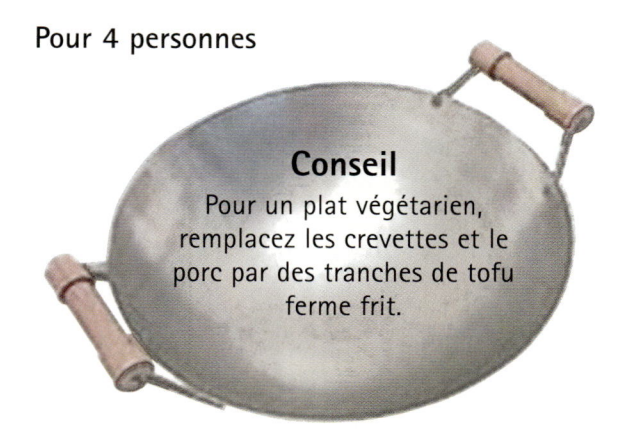

Pour 4 personnes

Conseil
Pour un plat végétarien, remplacez les crevettes et le porc par des tranches de tofu ferme frit.

300 g de chou blanc finement émincé
3 c. à s. d'huile d'arachide
1 c. à s. d'échalote émincée
1 gousse d'ail écrasée
1 c. à s. de piments rouges séchés hachés
1 c. à s. de sauce de poisson thaïe (nam pla)
1½ c. à s. de jus de citron
1 c. à s. de cacahuètes grillées et pilées (voir page 157)
4 c. à s. de crème de coco (voir page 156)
10 crevettes cuites décortiquées, débarrassées de la veine dorsale et coupées en deux dans la longueur
250 g de porc rôti émincé
sel

1 Porter de l'eau à ébullition dans une casserole et y faire cuire le chou à feu vif pendant 2 minutes. L'égoutter dans une passoire et le rafraîchir à l'eau froide. Le remettre dans la casserole et réchauffer.

2 Chauffer l'huile dans un wok. Y faire sauter les échalotes pendant 2 minutes, les retirer avec une écumoire et les égoutter sur du papier absorbant. Faire sauter doucement l'ail, jusqu'à ce qu'il soit doré. L'égoutter sur du papier absorbant. Faire sauter les piments rouges, en ajoutant de l'huile si nécessaire, pendant 2 minutes. Les égoutter sur du papier absorbant.

3 Transvaser le chou dans un saladier, ajouter la sauce de poisson thaïe, le jus de citron, les cacahuètes, la crème de coco, les crevettes, les tranches de porc. Saler, poivrer et bien mélanger. Disposer la salade dans un plat chaud à l'aide d'une cuillère, parsemer les échalotes, l'ail et les piments et servir immédiatement.

Cuisine santé

Riz sauté épicé aux piments rouges

Préparation : 15 minutes
Cuisson : de 25 à 35 minutes

Pour 4 personnes

375 g de riz à longs grains
75 cl d'eau
sel
2 c. à s. d'huile de tournesol
4 échalotes ou 1 oignon finement hachés
2 piments rouges frais épépinés et émincés
50 g de porc maigre désossé, de bœuf ou de bacon coupé en petits dés
1 c. à s. de sauce soja claire
1 c. à c. de concentré de tomate

POUR DÉCORER :
rondelles d'oignon frit
lanières d'omelette
feuilles de coriandre
rondelles de concombre

1 Rincer le riz à l'eau froide dans une passoire et bien l'égoutter. Le mettre dans une casserole, ajouter l'eau et 1 pincée de sel. Porter à ébullition, mélanger, couvrir et laisser cuire de 15 à 20 minutes, jusqu'à ce que toute l'eau ait été absorbée par le riz. Retirer la casserole du feu et réserver, à couvert.

2 Chauffer l'huile dans un wok. Y faire sauter les échalotes ou l'oignon et les piments de 1 à 3 minutes. Ajouter la viande et poursuivre la cuisson pendant 3 minutes.

3 Ajouter le riz, la sauce soja et le concentré de tomate. Faire revenir la préparation de 5 à 8 minutes. Saler

4 Transvaser le riz dans un plat chaud ou dans des bols. Décorer avec des rondelles d'oignon frit, des lanières d'omelette, des feuilles de coriandre et des rondelles de concombre. Servir immédiatement.

Conseil
Pour faire les lanières d'omelette, battez 1 œuf dans une assiette, assaisonnez-le. Chauffez un peu d'huile dans un wok, versez-y l'œuf battu et étalez-le dans le wok pour former une fine omelette. Quand elle est prête, roulez-la et coupez-la en lanières.

Cuisine santé

Curry de pommes de terre nouvelles

Préparation : 10 minutes
Cuisson : de 20 à 25 minutes

Pour 4 personnes

25 g de beurre
1 c. à s. d'huile d'arachide
2 gros oignons finement hachés
50 g de racine de gingembre frais épluchée et râpée
2 gousses d'ail écrasées
2 feuilles de laurier
1 bâton de cannelle coupé en deux
2 c. à c. de graines de fenouil
3 capsules de cardamome vertes
1 c. à c. de curcuma moulu
1 kg de petites pommes de terre nouvelles
60 cl d'eau
sel et poivre
30 cl de yaourt
poudre de piment selon le goût

POUR DÉCORER :
coriandre hachée
4 feuilles de lime de Cafre

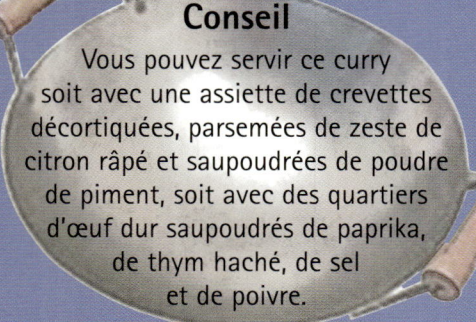

Conseil
Vous pouvez servir ce curry soit avec une assiette de crevettes décortiquées, parsemées de zeste de citron râpé et saupoudrées de poudre de piment, soit avec des quartiers d'œuf dur saupoudrés de paprika, de thym haché, de sel et de poivre.

1 Chauffer le beurre et l'huile dans un wok. Y faire sauter les oignons, le gingembre, l'ail, les feuilles de laurier, la cannelle, les graines de fenouil, la cardamome et le curcuma, jusqu'à ce que l'oignon ramollisse sans colorer.

2 Ajouter les pommes de terre, l'eau, le sel et le poivre. Porter à ébullition et couvrir. Laisser cuire pendant 10 minutes, ôter le couvercle et poursuivre la cuisson encore 10 minutes, jusqu'à ce que l'eau soit complètement évaporée.

3 Verser le yaourt sur les pommes de terre et cuire à feu doux, pour éviter que la sauce ne tourne. Saupoudrer de piment selon le goût. Décorer avec de la coriandre hachée et les feuilles de lime de Cafre. Servir immédiatement.

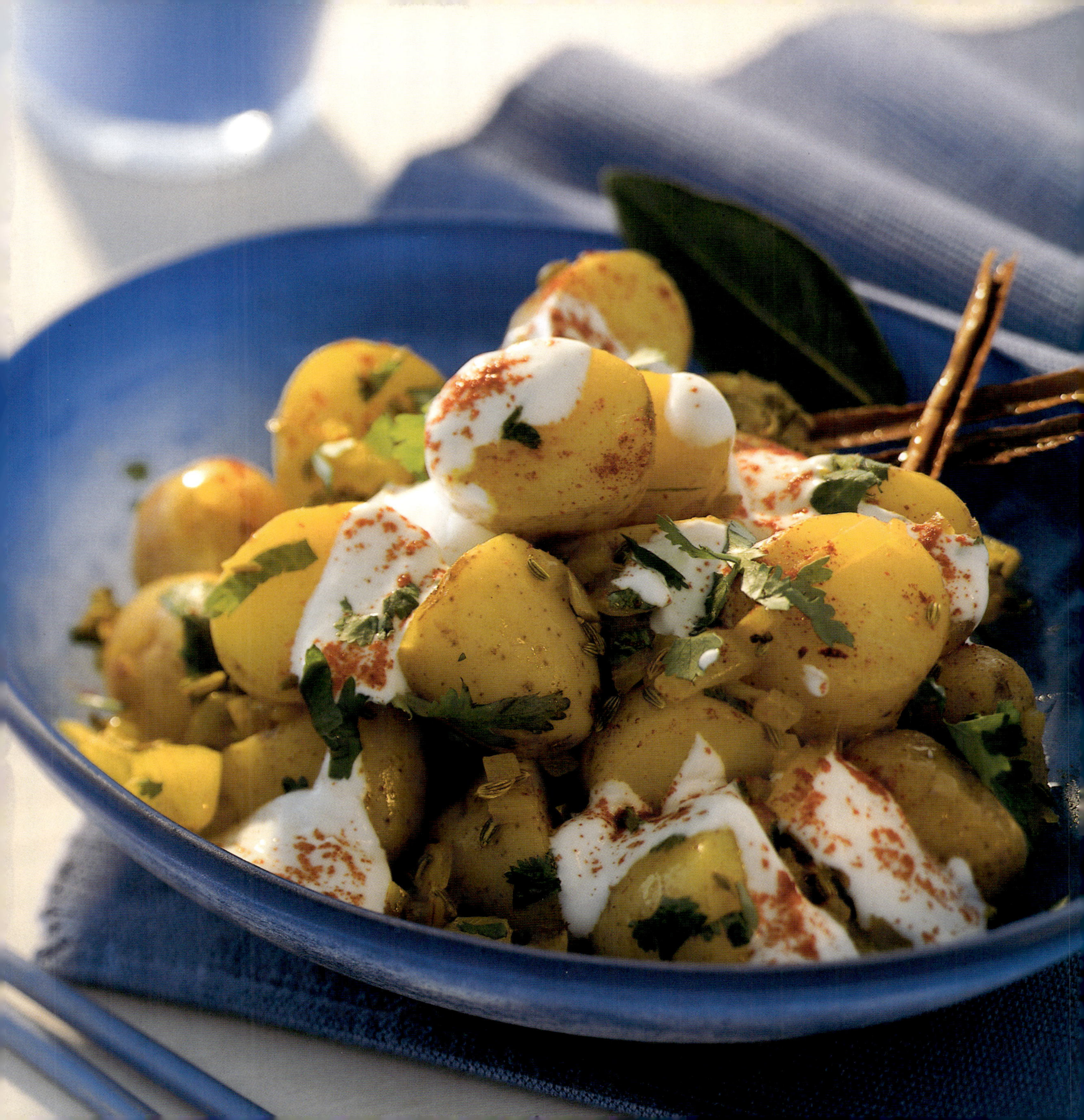

Nouilles aux œufs sautées aux légumes et au tofu

Préparation : 20 minutes
Cuisson : de 15 à 18 minutes

Pour 4 personnes

huile pour friture
250 g de tofu ferme coupé en cubes
125 g de petits bouquets de brocoli
125 g de mini-épis de maïs coupés en deux
3 c. à s. de sauce soja claire
1 c. à s. de jus de citron
1 c. à c. de sucre
1 c. à c. de sauce aux piments (voir page 156)
3 c. à s. d'huile de tournesol
1 gousse d'ail écrasée
1 piment rouge épépiné et émincé
75 g de nouilles aux œufs sèches cuites
2 œufs légèrement battus
125 g de châtaignes d'eau émincées

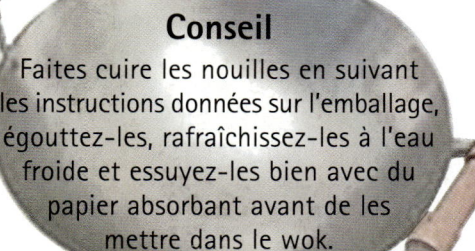

Conseil
Faites cuire les nouilles en suivant les instructions données sur l'emballage, égouttez-les, rafraîchissez-les à l'eau froide et essuyez-les bien avec du papier absorbant avant de les mettre dans le wok.

1 Chauffer 5 cm environ d'huile pour friture dans un wok à 180 °C (un dé de pain doit y dorer en 30 secondes). Y faire frire le tofu de 3 à 4 minutes, jusqu'à ce qu'il soit croustillant et légèrement doré. L'égoutter sur un papier absorbant.

2 Blanchir les brocolis et les maïs dans une casserole d'eau bouillante pendant 1 minute, les égoutter, les rafraîchir à l'eau froide et les sécher avec du papier absorbant. Mélanger la sauce soja, le jus de citron, le sucre et la sauce aux piments dans un bol. Réserver.

3 Chauffer l'huile de tournesol dans le wok. Y faire sauter l'ail et le piment pendant 3 minutes. Ajouter les nouilles, poursuivre la cuisson pendant 5 minutes, jusqu'à ce qu'elles soient dorées et commencent à croustiller.

4 Incorporer les œufs, faire revenir la préparation 1 minute. Ajouter la sauce pimentée, le tofu, les légumes et les châtaignes d'eau et laisser cuire encore de 2 à 3 minutes, pour que la préparation soit bien chaude. Servir immédiatement.

Nouilles au poulet et aux crevettes

Préparation : 10 minutes
Cuisson : 20 minutes

Pour 6 personnes

4 c. à s. d'huile d'arachide
2 gousses d'ail écrasées
125 g de nouilles aux œufs fraîches
2 c. à s. de sauce soja noire
125 g de blancs de poulet émincés mélangés à des calmars préparés et des crevettes décortiquées
½ c. à c. de poivre
2 c. à s. de sauce de poisson thaïe (nam pla)
125 g de lanières de chou mélangées à des petits bouquets de brocoli
30 cl de bouillon de volaille (voir page 154)
1 c. à s. de Maïzena
2 c. à s. d'eau
2 c. à s. de sucre

1 Chauffer la moitié de l'huile dans un wok. Ajouter la moitié de l'ail et le faire revenir 1 minute, jusqu'à ce qu'il brunisse. Ajouter les nouilles et 1 cuillerée à café de sauce soja, les cuire de 3 à 5 minutes en remuant constamment. Transvaser la préparation dans un plat et réserver au chaud.

2 Chauffer le reste d'huile dans le wok et ajouter l'ail restant. Le faire revenir 1 minute, jusqu'à ce qu'il brunisse. Ajouter le mélange de blanc de poulet, calmars et crevettes, le poivre et la sauce thaïe de poisson. Faire revenir pendant 5 minutes.

3 Ajouter les lanières de chou et les bouquets de brocoli. Faire sauter la préparation pendant 3 minutes.

4 Verser le bouillon, puis la Maïzena mélangée avec l'eau. Ajouter le reste de sauce soja et le sucre et porter à ébullition. Baisser la chaleur et laisser cuire pendant 3 minutes en remuant constamment. Verser la sauce sur les nouilles et servir immédiatement.

Conseil
Pour varier ce plat simple, vous pouvez ajouter des shiitake aux brocolis. Des lanières de jambon cuit le rendront encore plus savoureux.

Cuisine santé

Vive la cuisine végétarienne !

En Asie, la tradition qui veut que l'on ne consomme pas de viande remonte aux anciennes religions orientales comme l'hindouisme et le bouddhisme, mais elle résulte également de contraintes économiques qui ont favorisé le développement d'une cuisine à base de légumes et dans laquelle un petit morceau de viande devait durer longtemps. Ce style de cuisine s'adapte à la tendance végétarienne occidentale grâce à des produits comme le riz, les nouilles chinoises, les légumes, le tofu, les fruits et les fruits secs. Aujourd'hui, les légumes sont mis en valeur et il est de plus en plus facile de se procurer des protéines végétales texturisées (voir ci-dessous), dont l'utilisation, comme celle du tofu, est idéale pour la cuisine au wok : préparer de délicieux plats végétariens est la simplicité même.

L'importance du soja

Le soja a une valeur inestimable pour les végétariens, car c'est une excellente source de protéines non animales et d'autres nutriments. Rarement utilisé comme haricot, on l'emploie plus couramment sous ses autres formes, le tofu, le tempeh, le miso et la sauce soja.

Le tofu ou fromage de soja est un produit au goût neutre, issu de la fermentation du lait extrait des graines. Sa consistance dépend de la quantité de liquide obtenue. On le trouve nature, en conserve, fumé ou mariné. En pains solides, il peut être coupé en cubes ou en tranches.

Des ingrédients particuliers

Outre les produits répertoriés aux pages 116 et 117, les ingrédients suivants sont utiles pour la cuisine végétarienne asiatique :

- arrow-root
- pâte de curry
- sauce de poisson végétarienne
- miso
- fruits secs (amandes, cacahuètes et noix de cajou non salées)
- sauce d'huître végétarienne
- graines de sésame
- shoyu
- tamari
- pousses de soja

Le tofu a peu de saveur, mais il absorbe celle des aliments avec lesquels il est cuisiné. Il est donc meilleur si on le fait mariner avant de l'utiliser dans les plats sautés. Il est peu calorique et a une faible teneur en graisses saturées et en sel. De plus, c'est une bonne source de protéines, de vitamines B, de fer et de calcium.

Le tempeh est un autre produit obtenu avec des graines de soja fermentées et cuites, mais sa consistance est différente de celle du tofu.

Les protéines végétales texturisées (TVP) ou pâté de soja séché sont peu caloriques mais ont une forte teneur en fibres et en protéines. Elles remplacent parfaitement la viande. On les trouve en portions séchées, en pâtés ou en flocons. Avant de les utiliser, il faut les réhydrater dans de l'eau. Elles ont une consistance spongieuse

98   Cuisine santé

Cuisine végétarienne au wok

- N'utilisez pas plus de quatre ou cinq variétés de légumes dans les plats sautés. Mélangez les légumes croquants comme les haricots verts et les légumes à feuilles tel le pak-choï.

- Faites mariner le tofu, le tempeh, les protéines végétales texturisées et le seitan avant cuisson, pour améliorer leur goût.

- Pour les plats sautés, n'utilisez que des légumes croquants et fermes. Coupez-les juste avant de les cuire, pour qu'ils conservent leurs vitamines, ou préparez-les à l'avance et mettez-les au réfrigérateur dans un récipient hermétique.

- Utilisez de préférence des oignons de printemps ou des poireaux coupés en lanières pour les plats sautés, car ils sont plus doux et plus tendres que les oignons.

- Veillez à remplacer la sauce de poisson ou la pâte de crevettes, utilisées dans de nombreux plats sans viande, par des produits végétariens : de la sauce soja, de la sauce de poisson végétarienne ou de la sauce d'huître végétarienne à la place de la sauce de poisson, ou du miso allégé à la place de la pâte de crevettes.

- Avant de faire sauter des légumes à forte densité comme les aubergines, les bouquets de brocoli et de chou-fleur, les haricots verts ou les carottes coupées en rondelles épaisses, vous pouvez les blanchir rapidement. Vous pouvez aussi mettre d'abord dans le wok les légumes les plus durs et les cuire pendant quelques minutes avant d'ajouter les plus tendres.

- Les légumes à feuilles comme le pak-choï réduisent beaucoup de volume quand on les cuit : achetez le double de la quantité de légumes que vous voulez préparer.

- Si vous utilisez des champignons séchés, réhydratez-les dans de l'eau chaude, que vous utiliserez dans la recette, si nécessaire, à la place de l'eau.

- Ajoutez des châtaignes d'eau, pour leur consistance et leur goût sucré, aux plats sautés végétariens ou des germes de haricots mungo, pour leur texture croquante.

et un goût neutre : il vaut donc mieux les faire mariner également avant emploi, afin qu'elles s'imprègnent bien de la saveur des autres aliments en cuisant.

Le miso est une pâte salée, issue de graines de soja fermentées. On l'incorpore en général à la fin de la cuisson, pour conserver ses bactéries intactes. Bien lire les étiquettes avant l'achat, car certaines marques japonaises ajoutent du fumet de poisson à leur miso.

Le tamari, le shoyu et la sauce soja soja sont des sauces orientales au goût fort et salé, toutes à base de soja fermenté.

Les autres protéines végétales

Le seitan ou viande de blé est un dérivé du gluten de blé. C'est un autre substitut à la viande, peu calorique, riche en protéines et qui s'imprègne également de la saveur des autres aliments.

Les haricots, les pois et les fruits secs, sont d'autres sources de protéines pour les végétariens. Veiller cependant à ne pas trop consommer de fruits secs ou de graines - 1 poignée par jour au maximum -, en raison de leur forte teneur en graisse.

Cuisine santé

Chapitre 5
La découverte des épices

La grande variété de plats surprenants venant de toute l'Asie présentés ici va stimuler vos papilles gustatives, c'est garanti ! Dans ce chapitre, vous découvrirez les principaux ingrédients exotiques pour les marinades, mais aussi les sauces, pâtes épicées et huiles pour parfumer les plats, et vous y apprendrez comment les utiliser au mieux pour en dégager les arômes les plus subtils.

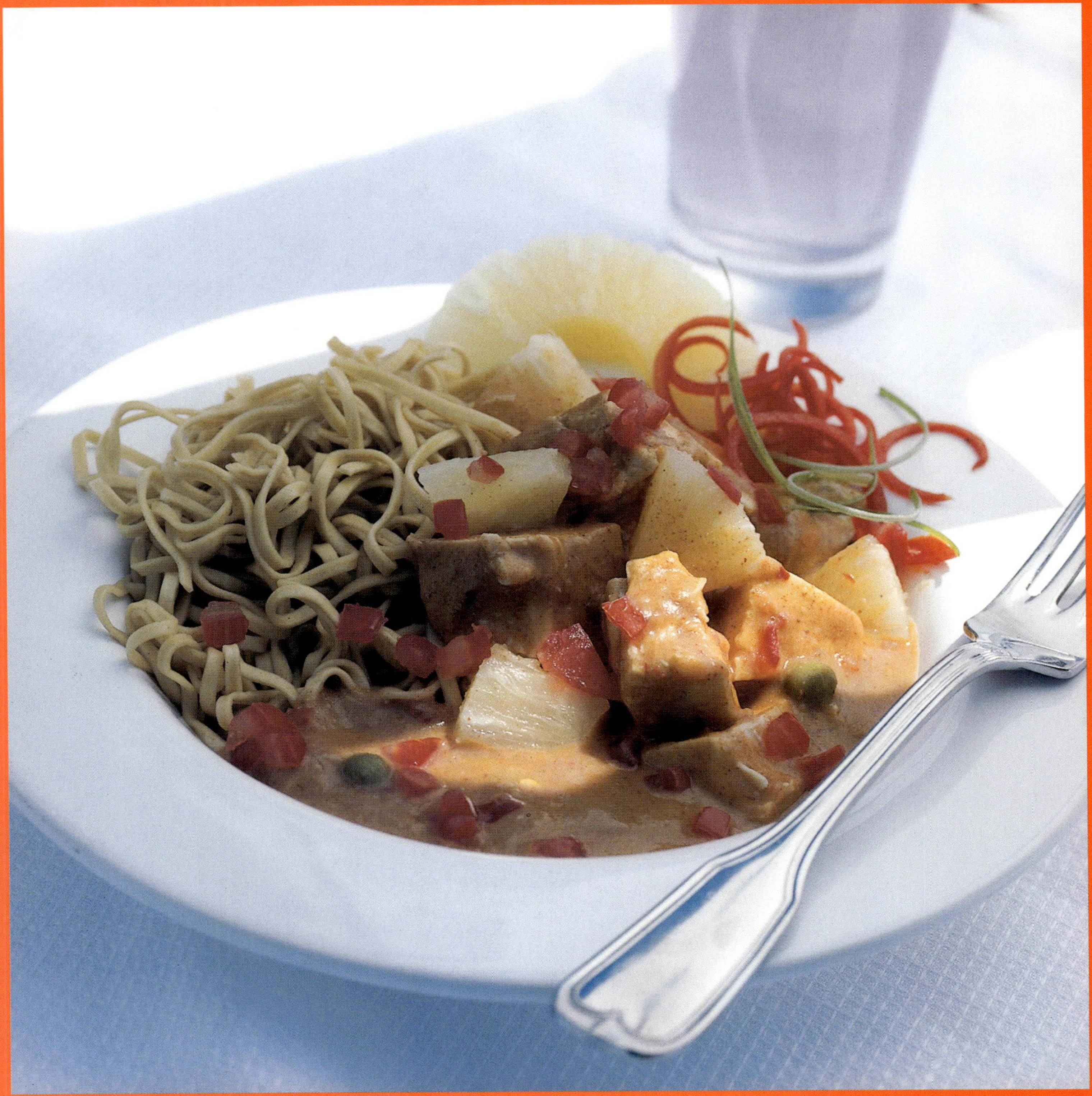

Sole aux herbes et à la sauce Satay

Préparation : 35 minutes
Cuisson : de 15 à 20 minutes

Pour 4 personnes
25 g de beurre
1 échalote finement hachée
1 c. à s. de ciboule, d'estragon et de persil hachés
le zeste râpé de ½ citron
8 filets de sole
1 œuf battu
4 ou 5 c. à s. de chapelure fraîche
huile pour friture (tournesol)

SAUCE SATAY :
1 c. à c. de graines de coriandre, de cumin et de fenouil écrasées
2 gousses d'ail écrasées
125 g de beurre de cacahuètes croquant
1 c. à c. de sucre roux
2 piments verts frais épépinés et hachés
150 g de crème de coco (voir page 156)
45 cl d'eau
3 c. à s. de jus de citron

1 Préparer la sauce : chauffer un wok et y faire sauter les graines des épices pendant 2 minutes. Ajouter l'ail, le beurre de cacahuètes, le sucre et les piments. Mélanger la crème de coco avec l'eau et la verser dans le wok. Laisser cuire doucement de 7 à 8 minutes. Ajouter le jus de citron.

2 Faire fondre le beurre dans une casserole, ajouter l'échalote et la faire cuire 1 minute. Ajouter les herbes et le zeste de citron et laisser refroidir. Répartir cette préparation sur chaque filet de poisson. Rouler les filets et les piquer avec un bâtonnet en bois pour les maintenir enroulés.

3 Passer les roulades de sole dans l'œuf et les enrober de chapelure. Chauffer l'huile dans le wok à 180 °C (un dé de pain doit y dorer en 30 secondes). Faire frire le poisson de 4 à 5 minutes, jusqu'à ce qu'il dore. Égoutter les roulades avec une écumoire.

Conseil
Pour cette recette, utilisez de préférence de la sole, car ce poisson est particulièrement savoureux. Cependant, comme il est cher, vous pourrez le remplacer par de la limande.

Galettes de poisson épicées

Preparation : 20 minutes
Cuisson : 30 minutes environ

Pour 4 ou 5 personnes

500 g de filet de cabillaud sans la peau coupé en morceaux
3 c. à s. de pâte de curry rouge (voir page 155)
1 œuf
3 c. à s. de sauce de poisson thaïe (nam pla)
1 ou 2 c. à s. de farine de riz
75 g de haricots verts fins finement coupés
1 c. à s. de feuilles de lime de Cafre coupées en fines lanières ou ½ c. à c. de zeste de citron vert râpé
huile pour friture

POUR SERVIR :
sauce aux piments (voir page 156)
rondelles de citron vert
salade de concombre

1 Mettre le cabillaud et la pâte de curry rouge dans un mixer. Mixer jusqu'à ce que le mélange soit bien haché. Le mixer peut-être remplacé par un pilon et un mortier.

L'astuce
Ces galettes de poisson sont assez épicées. Si vous les préférez moins fortes, vous pouvez réduire la quantité de piment dans la pâte de curry ou utiliser moins de pâte de curry.

2 Verser le mélange dans un saladier. Ajouter l'œuf, la sauce de poisson thaïe et assez de farine de riz pour pouvoir mélanger la préparation avec les mains. Incorporer les haricots verts et les feuilles de lime de Cafre ou le zeste de citron.

3 Confectionner de 16 à 20 boulettes avec les mains et les aplatir en petites galettes de 1 cm d'épaisseur environ.

4 Chauffer l'huile dans un wok. Y faire frire les galettes de poisson de 4 à 5 minutes de chaque côté, jusqu'à ce qu'elles soient cuites et dorées, en veillant à ne pas trop les cuire. Les égoutter sur du papier absorbant et servir chaud, avec de la sauce aux piments, des tranches de citron vert et une salade de concombre.

Poisson sauté, sauce au tamarin

Préparation : 15 minutes
Cuisson : de 10 à 15 minutes

Pour 4 personnes

1 saint-pierre ou 1 limande en filets
huile pour friture
¼ de chou blanc coupé en lanières, pour servir

SAUCE AU TAMARIN :
3 c. à s. d'huile d'arachide
2 ou 3 gousses d'ail écrasées
1 ou 2 piments rouges ou verts frais épépinés et finement hachés
12,5 cl de jus de tamarin (voir page 156)
1 c. à s. de sauce de poisson thaïe (nam pla)
3 c. à s. de sucre roux

POUR DÉCORER :
2 c. à s. de feuilles de coriandre hachées
1 poivron rouge vidé, épépiné et haché
1 poivron vert vidé, épépiné et haché

1 Sécher le poisson avec du papier absorbant. Chauffer l'huile dans un wok à 180 °C (un dé de pain doit y dorer en 30 secondes). Y faire frire les filets de poisson de 10 à 15 minutes, jusqu'à ce qu'ils soient bien dorés. Les retirer délicatement à l'aide d'une écumoire et les égoutter sur du papier absorbant. Disposer les filets de poisson sur un plat de service et réserver au chaud.

2 Préparer la sauce : chauffer l'huile dans une petite casserole, y faire sauter l'ail et le piment pendant 2 minutes environ, jusqu'à ce qu'ils deviennent dorés mais sans brunir. Ajouter le jus de tamarin, la sauce de poisson, le sucre et porter à ébullition. Laisser cuire encore 3 minutes, en mélangeant constamment.

3 Verser la sauce sur le poisson. Décorer avec la coriandre et les poivrons hachés. Servir immédiatement, avec une salade de chou.

À savoir

Le jus de tamarin apporte une saveur aigre-douce à ce plat qui contraste avec le poisson frit. Vous pouvez remplacer le poisson par des noix de Saint-Jacques ou des crevettes, en rectifiant le temps de cuisson en conséquence.

La découverte des épices

Curry de crevettes à la noix de coco

Préparation : 10 minutes
Cuisson : 15 minutes

Pour 4 personnes

2 c. à s. d'huile d'arachide
1 c. à c. de curcuma moulu
15 cl d'eau
15 cl de lait de coco (voir page 156)
2 c. à s. de jus de citron vert
2 c. à c. de sucre roux
16 grosses crevettes décortiquées et débarrassées de la veine dorsale
sel et poivre

PÂTE ÉPICÉE :
2 piments rouges frais épépinés et hachés
2 échalotes hachées
1 tige de citronnelle hachée
1 morceau de racine de gingembre frais de 2,5 cm épluché et haché
½ c. à c. de pâte de crevettes (facultatif)

POUR DÉCORER :
4 oignons de printemps coupés en fines tranches
quelques tranches fines de noix de coco
1 c. à c. de noix de coco séchée

1 Préparer la pâte épicée : mettre tous les ingrédients dans un mixer et actionner l'appareil jusqu'à obtenir une pâte épaisse. Le mixer peut-être remplacé par un pilon et un mortier ou un moulin à épices.

2 Chauffer l'huile dans un wok, ajouter la pâte épicée et le curcuma et les faire cuire à feu modéré pendant 3 minutes, en remuant fréquemment.

3 Ajouter l'eau. Bien mélanger et laisser cuire doucement encore 3 minutes. Ajouter le lait de coco, le jus de citron vert, le sucre et poursuivre la cuisson pendant 3 minutes.

4 Ajouter les crevettes au curry et les faire cuire de 4 à 5 minutes, jusqu'à ce qu'elles deviennent roses. Assaisonner selon le goût.

5 Verser le curry dans un plat de service chaud. Servir immédiatement, avec les oignons de printemps, les tranches de noix de coco et la noix de coco séchée.

Conseil
Pour que votre curry ait un goût plus prononcé, servez-le avec également des échalotes frites croustillantes (voir page 157) ou des cacahuètes grillées et pilées (voir page 157).

Aubergines braisées

Préparation : 15 minutes
Cuisson : de 7 à 10 minutes

Pour 4 à 6 personnes

huile pour friture
4 oignons de printemps émincés
4 gousses d'ail émincées
1 morceau de racine de gingembre frais de 2,5 cm épluché et finement haché
2 grosses aubergines coupées en bandes de 5 cm
2 c. à s. de sauce soja
2 c. à s. de vin de riz ou de xérès sec
2 c. à c. de sauce aux piments (voir page 156)

POUR DÉCORER :
1 piment rouge frais épépiné et haché
1 piment vert frais épépiné et haché

1 Chauffer 2 cuillerées à soupe d'huile dans un wok. Y faire sauter les petits oignons, l'ail et le gingembre environ 30 secondes. Retirer la préparation du wok et réserver.

2 Augmenter la chaleur, ajouter les aubergines. Poursuivre la cuisson jusqu'à ce qu'elles brunissent, en ajoutant de l'huile si nécessaire. Les retirer du wok avec une écumoire et les égoutter sur du papier absorbant.

3 Vider l'huile du wok. Remettre les oignons, l'ail, le gingembre et les aubergines dans le wok. Ajouter la sauce soja, le vin de riz ou le xérès et la sauce aux piments. Bien mélanger et laisser cuire pendant 2 minutes.

4 Disposer les aubergines dans un plat chaud à l'aide d'une cuillère. Décorer avec les piments et servir immédiatement.

Conseil
Choisissez de belles aubergines brillantes et à la peau ferme. Faites-les cuire jusqu'à ce qu'elles brunissent sur tous les côtés, elles auront ainsi meilleur goût.

La découverte des épices

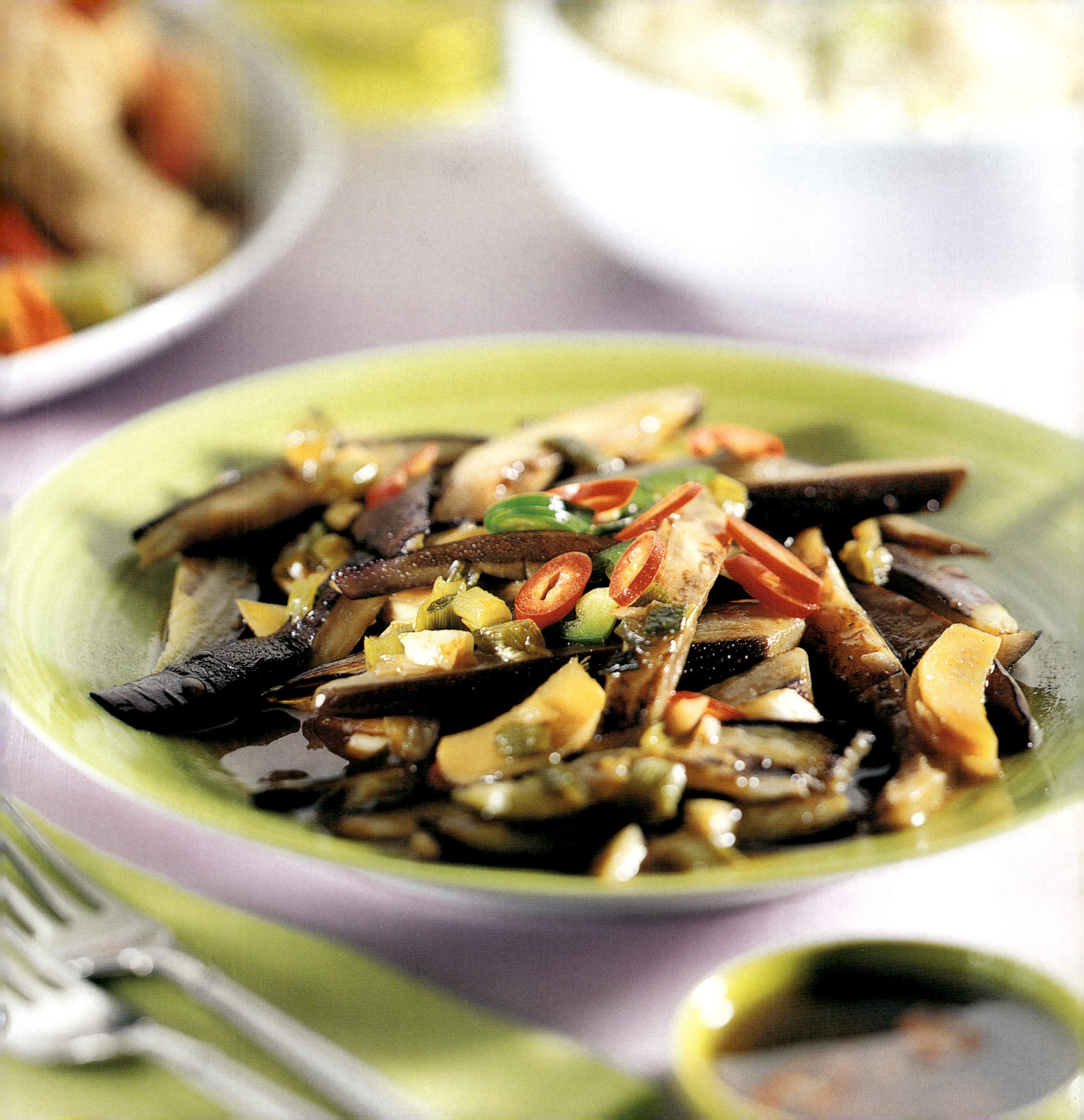

Poulet à la sauce aux piments et aux haricots noirs

Préparation : de 10 à 15 minutes
Cuisson : 20 minutes

Pour 2 à 4 personnes

1 blanc d'œuf
sel et poivre
1 c. à s. de Maïzena
2 blancs de poulet sans la peau coupés en fines lanières dans le sens des fibres
30 cl environ d'huile d'arachide
1 gros poivron vert vidé, épépiné et coupé en fines lanières dans la longueur
1 piment vert frais épépiné et coupé en très fines lanières
4 gousses d'ail coupées en très fines lanières
4 oignons de printemps émincés
4 c. à s. de sauce aux haricots noirs
30 cl de bouillon de volaille chaud (voir page 154)
1 ou 2 c. à s. bombées de haricots noirs fermentés en boîte rincés, pour décorer
nouilles aux œufs, pour servir

1 Battre le blanc d'œuf avec le sel et le poivre dans un bol, avec un fouet, jusqu'à ce qu'il devienne mousseux. L'incorporer à la Maïzena et mélanger au fouet. Ajouter le poulet et mélanger pour bien l'enrober.

2 Chauffer l'huile dans un wok, sans la laisser fumer. Y faire sauter ¼ des lanières de poulet de 30 à 60 secondes, jusqu'à ce qu'elles deviennent blanches, en mélangeant pour qu'elles ne collent pas ensemble. Les retirer avec une écumoire et les égoutter sur du papier absorbant. Faire sauter le reste des lanières de poulet de la même façon, en trois fois. Vider l'huile du wok, en en laissant la valeur de 1 cuillerée à soupe.

À savoir
Enrober les lanières de poulet d'un mélange d'œuf battu et de Maïzena avant de les frire. Le poulet cuit ainsi parfaitement : il est légèrement croustillant à l'extérieur, tendre et fondant à l'intérieur.

3 Remettre le wok sur feu doux, ajouter le poivron, le piment, l'ail et la moitié des oignons. Faire sauter ces ingrédients pendant quelques minutes, jusqu'à ce que le poivron commence à ramollir. Ajouter la sauce aux haricots noirs et mélanger. Verser le bouillon, augmenter la chaleur et porter à ébullition en remuant constamment.

4 Mettre le poulet dans la sauce, laisser cuire pendant 5 minutes à feu modéré en remuant fréquemment. Assaisonner selon le goût. Décorer avec le reste des oignons de printemps et les haricots noirs. Servir chaud avec les nouilles.

108   La découverte des épices

Poulet Shakuti

Préparation : 20 minutes
Cuisson : 1 heure

Pour 4 personnes

3 piments séchés du Cachemire
2 c. à c. de cumin moulu
1 c. à s. de graines de coriandre
1 c. à c. de graines de fenugrec
½ c. à c. de poivre en grains
½ c. à c. de clous de girofle
les graines de 4 gousses de cardamome
1 petit bâton de cannelle
1 c. à c. de curcuma moulu
3 c. à s. d'huile d'arachide
2 oignons finement hachés
3 gousses d'ail écrasées
50 g de noix de coco séchée grillée
1,5 kg de poulet coupé en morceaux
25 g de cacahuètes grillées et pilées (voir page 157)
15 cl de lait de coco (voir page 156)
15 cl de bouillon de volaille (voir page 157)
8 c. à s. de jus de citron
½ c. à c. de sel

À savoir

La préparation Shakuti est une délicieuse spécialité de Goa. Pour griller la noix de coco, chauffez un wok ou une poêle, ajoutez la noix de coco séchée et laissez-la griller à sec jusqu'à ce qu'elle devienne dorée.

1 Préchauffer le four à 200 °C. Étaler les piments, le cumin, les graines de coriandre et de fenugrec, le poivre et les clous de girofle sur une plaque. Enfourner et cuire pendant 5 minutes. Laisser refroidir légèrement et réduire le mélange en poudre, en ajoutant les graines de cardamome et la cannelle. Ajouter le curcuma.

2 Chauffer l'huile dans un wok. Y faire frire les oignons et l'ail jusqu'à ce qu'ils ramollissent et commencent à brunir. Ajouter le mélange d'épices et la noix de coco et les faire revenir 1 minute en remuant constamment.

3 Mettre le poulet dans le wok et le saisir dans l'huile. Ajouter les cacahuètes, le lait de coco, le bouillon et laisser frémir doucement pendant 40 minutes.

4 Quand le poulet est bien cuit et tendre, ajouter le jus de citron et le sel. Laisser cuire encore 5 minutes et servir.

La découverte des épices

Curry de poulet à la citronnelle

Préparation : 20 minutes
Cuisson : de 10 à 15 minutes

Pour 4 personnes

2 c. à s. d'huile d'arachide
2 gousses d'ail finement hachées
3 échalotes finement émincées
3 tiges de citronnelle écrasées et coupées en morceaux de 2,5 cm
2 c. à s. de sauce de poisson thaïe (nam pla)
½ c. à c. de poivre
½ c. à c. de sucre de palme ou de sucre roux
1 c. à c. de pâte de curry jaune (voir page 155)
2 petits piments verts frais épépinés et hachés
750 g de blancs de poulet sans la peau coupés en fines lanières
3 c. à s. de bouillon de volaille (voir page 154)
12,5 cl de lait de coco (voir page 156)

POUR DÉCORER :
2 c. à s. de cacahuètes grillées et pilées (voir page 157)
1 poignée de feuilles de coriandre

1 Chauffer l'huile dans un wok. Y faire sauter l'ail et les échalotes 1 minute. Ajouter la citronnelle, la sauce de poisson thaïe, le poivre, le sucre, la pâte de curry, les piments et les lanières de poulet. Faire sauter ces ingrédients de 3 à 4 minutes.

2 Ajouter le bouillon et le lait de coco, bien mélanger et laisser frémir doucement pendant 6 minutes, jusqu'à ce que le poulet soit bien cuit. Décorer avec les cacahuètes et la coriandre. Servir immédiatement.

À savoir

Pour faire un curry de crevettes à la citronnelle, remplacez le poulet par 16 ou 20 grosses crevettes. Vous pouvez aussi remplacer le bouillon de volaille par du fumet de poisson (voir page 154).

Curry de canard

Préparation : 15 minutes
Cuisson : 5 minutes

Pour 3 ou 4 personnes

¼ de canard cuit froid ou 1 magret de canard cuit froid
1 c. à s. d'huile
1½ c. à s. de pâte de curry rouge (voir page 155)
7,5 cl de lait de coco (voir page 156)
1 c. à s. de sucre de palme ou de sucre roux
3 feuilles de lime de Cafre coupées en morceaux
50 g de petits pois frais ou surgelés
1 gros piment rouge frais épépiné et coupé en biseau
4 c. à s. de bouillon de volaille (voir page 154)
2 tomates coupées en petits dés
75 g d'ananas frais ou en boîte coupé en morceaux
   + supplément, pour servir
1 c. à s. de sauce de poisson thaïe (nam pla)
nouilles, pour servir

POUR DÉCORER :
lanières de poivron rouge
lanières d'oignon de printemps

1 Retirer la peau du canard, prélever la chair et la couper en morceaux. Réserver.

2 Chauffer l'huile dans un wok, ajouter la pâte de curry et la faire frire 30 secondes. Ajouter 3 cuillerées à soupe de lait de coco, mélanger, puis verser le reste de lait de coco et remuer doucement sur feu modéré pendant 1 minute.

3 Ajouter le canard et remuer pendant 2 minutes. Ajouter le sucre, les feuilles de lime, les petits pois, le piment, le bouillon, les tomates et l'ananas. Bien mélanger. Lorsque le curry commence à frémir, ajouter la sauce de poisson thaïe. Bien remuer et verser le curry dans un plat. Décorer avec des lanières de poivron et d'oignon de printemps. Servir avec des morceaux d'ananas et des nouilles.

À savoir
Cette recette est une bonne façon d'utiliser les restes d'un canard. Vous pouvez également employer d'autres restes de viandes froides, de poulet, de dinde ou de porc, par exemple.

La découverte des épices

Agneau à la sauce piquante

Préparation : 10 minutes
+ temps de congélation et de décongélation
Cuisson : 10 minutes environ

Pour 3 ou 4 personnes

500 g de filet d'agneau
3 c. à s. d'huile d'arachide
4 oignons de printemps finement coupés en biseau
2 gousses d'ail écrasées
6 à 8 petits piments frais, pour décorer (facultatif)
nouilles transparentes, pour servir

SAUCE :
2 c. à c. de Maïzena
4 c. à s. d'eau
1 ou 2 c. à s. de sauce aux piments forte
1 c. à s. de vinaigre de vin de riz, de vin blanc ou de cidre
2 c. à c. de sucre roux
½ c. à c. de poudre de cinq-épices

1 Emballer l'agneau dans du film alimentaire et le mettre au congélateur de 1 à 2 heures jusqu'à ce qu'il soit juste dur. Le couper en fines lanières dans le sens des fibres, en retirant le gras et les nerfs. Laisser à température ambiante pendant 30 minutes environ, jusqu'à ce que la viande soit complètement décongelée.

2 Préparer la sauce : mélanger la Maïzena et l'eau pour obtenir une pâte lisse, puis incorporer la sauce aux piments, le vinaigre, le sucre et la poudre de cinq-épices.

3 Chauffer 2 cuillerées à soupe d'huile dans un wok. Y faire sauter l'agneau à feu vif de 3 à 4 minutes, jusqu'à ce qu'il soit bien doré. Retirer le wok du feu et transvaser la viande, avec le jus, dans un bol.

4 Remettre le wok sur feu modéré. Chauffer le reste d'huile. Ajouter les oignons de printemps et l'ail, les faire revenir 30 secondes. Les retirer avec une écumoire.

5 Bien mélanger la sauce, la verser dans le wok sur feu vif. Mélanger jusqu'à ce qu'elle épaississe, ajouter l'agneau, avec le jus et le mélange d'oignons de printemps et d'ail. Faire revenir de 1 à 2 minutes, jusqu'à ce que la préparation soit bien chaude. Décorer, éventuellement, avec les petits piments. Servir immédiatement, avec des nouilles transparentes.

À savoir

Ce plat sauté est très épicé. Les sauces aux piments du commerce sont plus ou moins fortes selon les marques. La quantité que vous utiliserez sera fonction de la marque et de vos goûts.

112 La découverte des épices

Haricots verts au sambal

Préparation : 15 minutes
Cuisson : 15 minutes

Pour 4 personnes

2 c. à s. d'huile d'arachide
4 échalotes finement émincées
2 gousses d'ail écrasées
½ c. à c. de pâte de crevettes
250 g de haricots verts effilés et finement coupés en biseau
2 c. à c. de sambal
1 c. à c. de sucre roux
sel

1 Chauffer l'huile dans un wok. Y faire revenir les échalotes, l'ail et la pâte de crevettes à feu doux pendant 5 minutes en remuant, jusqu'à ce que les échalotes ramollissent.

2 Ajouter les haricots et poursuivre la cuisson à feu modéré pendant 8 minutes en remuant, jusqu'à ce qu'ils soient cuits mais pas trop mous.

3 Ajouter le sambal, le sucre et un peu de sel. Laisser revenir les haricots encore 1 minute. Goûter et ajouter un peu de sel si nécessaire. Servir chaud.

À savoir
Le sambal est un condiment très épicé que vous trouverez dans les supermarchés et les épiceries asiatiques.

La découverte des épices

Sayur kari

Préparationé : 15 minutes
Cuisson : 30 minutes

Pour 6 personnes

2 c. à s. d'huile d'arachide + supplément pour la friture
4 carrés de tofu jaune coupés en cubes de 2,5 cm
4 échalotes émincées
2 piments verts frais épépinés et émincés
3 gousses d'ail hachées
1 c. à s. de racine de gingembre frais finement hachée
1 tige de citronnelle finement hachée
1 c. à s. de coriandre moulue
1 c. à c. de cumin moulu
1 c. à c. de curcuma moulu
1 c. à c. de poudre de galanga (facultatif)
1 c. à c. de poudre de piment
1 c. à c. de pâte de crevettes
60 cl de bouillon de légumes (voir page 154)
40 cl de lait de coco (voir page 156)
250 g de pommes de terre coupées en dés
125 g de haricots verts effilés et coupés en morceaux de 1 cm
125 g de chou blanc coupé en fines lanières
75 g de germes de soja
25 g de vermicelles de riz trempés dans de l'eau bouillante pendant 5 minutes et égouttés
sel

1 Chauffer l'huile pour friture dans un wok à 180 °C (un dé de pain doit y dorer en 30 secondes). Y faire frire les cubes de tofu par petites quantités 1 minute environ, jusqu'à ce qu'ils soient croustillants et dorés. Les retirer avec une écumoire et les égoutter sur du papier absorbant.

2 Vider l'huile du wok, en en laissant 2 cuillerées à soupe. Y faire revenir les échalotes, les piments, l'ail, le gingembre et la citronnelle à feu modéré pendant 5 minutes, en remuant fréquemment.

3 Ajouter la coriandre, le cumin, le curcuma, le galanga, le piment et la pâte de crevettes. Faire frire le mélange pendant 1 minute. Ajouter le bouillon et le lait de coco. Porter à ébullition et ajouter les pommes de terre. Réduire la chaleur et laisser cuire pendant 6 minutes. Ajouter les haricots verts et poursuivre la cuisson pendant 8 minutes.

4 Ajouter le chou, les germes de soja et les vermicelles de riz, saler selon le goût et laisser cuire doucement pendant 3 minutes. Ajouter le tofu frit et servir.

À savoir
Servi avec du riz, ce curry de légumes indonésien est excellent. À défaut de tofu jaune, utilisez du tofu ferme.

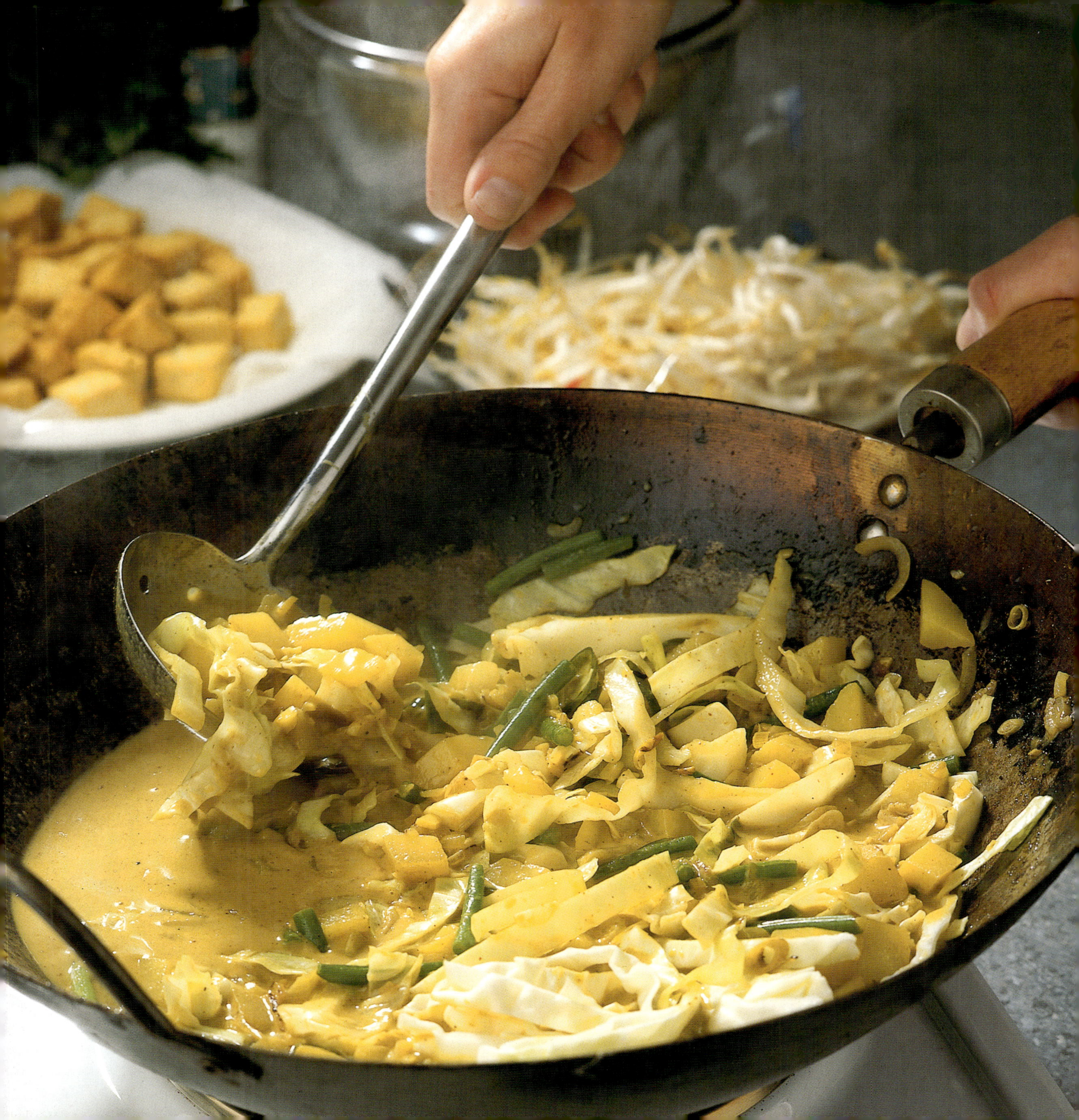

Les ingrédients pour marinades

La sauce aux haricots noirs
Cette sauce riche et épaisse est obtenue à partir de graines de soja noires. On la trouve toute prête, mais on peut la faire soi-même : mélanger simplement du sucre, de l'ail et de la sauce soja selon le goût, incorporer le contenu de 1 boîte de haricots noirs rincés et mélanger.

La sauce de haricots de soja aux piments
Cette pâte épaisse est obtenue à partir de haricots de soja et de piments. Elle est très forte et épicée. On peut la remplacer par de la sauce aux haricots de soja jaunes additionnée d'un peu de piment rouge frais haché.

L'huile pimentée
On utilise cette huile forte et piquante plutôt pour l'assaisonnement que pour la friture. On la trouve dans les épiceries asiatiques, mais on peut la préparer soi-même : mettre quelques piments rouges séchés dans de l'huile d'arachide et laisser mariner.

La sauce pimentée
Cette sauce rouge vif, épicée et relevée, est à base de piments. En général, elle est utilisée en petites quantités. Certaines marques sont très relevées, d'autres moins fortes et plus douces : quand on essaie une marque pour la première fois, mieux vaut la goûter pour savoir comment la doser.

La sauce soja noire
C'est l'assaisonnement le plus connu et le plus utilisé. Plus épaisse et plus douce que la sauce soja claire, la sauce soja noire est faite de la même façon, avec des haricots de soja fermentés, de la levure, du sel et du sucre. On l'utilise dans les plats de viande ou comme sauce d'accompagnement pour y plonger de petits morceaux d'aliments.

Les champignons noirs séchés
Les champignons noirs, ou champignons fungi, sont aussi appelés « oreilles de nuage », parce qu'ils se déploient comme de petits nuages quand on les fait tremper dans de l'eau. Les oreilles de bois sont une variété de plus grande taille. Il faut les faire tremper dans de l'eau chaude pendant 20 minutes, les rincer et les émincer avant de les utiliser.

Les piments séchés
Ils sont parfaits pour parfumer les huiles utilisées pour les plats sautés et les pâtes, et les huiles fortes et épicées. Ils se garderont longtemps, et resteront bien rouges et très forts dans un récipient hermétique. Les utiliser avec prudence, car ils peuvent être très relevés.

Les zestes d'agrumes séchés
Ils sont vendus en petits paquets dans les supermarchés asiatiques. Leur goût piquant et amer est délicieux dans les plats sautés.

Les shiitake
Ces champignons, également appelés « lentins de chêne », ont un chapeau brun, les lamelles et le pied étant plus clairs. Ils sont très parfumés. En Chine, ils sont souvent séchés, ce qui renforce leur parfum. Il faut les tremper dans de l'eau chaude pendant 20 minutes pour les réhydrater. Ils s'utilisent alors comme des champignons frais. Mieux vaut toutefois ôter le pied, qui reste souvent dur.

Les haricots noirs fermentés
Ils ont une saveur caractéristique et salée et sont vendus en boîte. Ils sont souvent réduits en purée et mélangés avec d'autres épices pour faire la sauce aux haricots noirs.

Poudre de cinq-épices
C'est un mélange parfumé de cinq épices moulues : badiane, cannelle, clous de girofle, graines de fenouil et poivre du Sichuan. On l'utilise beaucoup dans la cuisine chinoise et indonésienne. Son arôme est parfumé plutôt qu'épicé. On la trouve dans les supermarchés et les épiceries asiatiques.

La sauce hoisin
C'est l'une des sauces chinoises les plus utilisées. On la trouve dans les supermarchés et les épiceries asiatiques. On l'utilise pour le gril et le barbecue et comme sauce

d'accompagnement pour y plonger les aliments. Elle est composée de haricots de soja, de sucre, de vinaigre, de concentré de tomate et d'épices.

Sauce soja claire
Elle est très parfumée, légèrement salée et plus claire que la sauce soja noire. La couleur de la sauce dépend de son vieillissement. On l'utilise surtout dans les plats de fruits de mer, les soupes et les sauces d'accompagnement.

La sauce d'huître
Épaisse et brune, elle est faite à base d'huître et de sauce soja. Elle sent légèrement le poisson, et la richesse de sa saveur est appréciée dans les plats sautés.

Le sucre de palme
Il est extrait de palmiers et utilisé dans toute l'Asie du Sud-Est. Il est vendu en petits cylindres qui devront peut-être être cassés en morceaux avant d'être utilisés. À défaut, employer du sucre roux.

La sauce aux prunes
C'est une sauce sucrée, à base de prunes, d'abricots, de vinaigre, d'ail et d'épices. On l'utilise dans les plats braisés et les sauces d'accompagnement.

La pâte de haricots rouges
C'est une pâte sucrée, vendue en conserve. Elle est épaisse et de couleur rouge foncé. Une fois la boîte ouverte, placer le reste dans un récipient hermétique au réfrigérateur.

Le vin de riz
Obtenu à partir de riz gluant et de levure, on l'utilise beaucoup dans la cuisine chinoise. On peut le remplacer par du xérès sec.

Le vinaigre de vin de riz
C'est du vin de riz fermenté. Le vinaigre de vin de riz rouge est plus doux et parfumé que le blanc. On peut le remplacer par du vinaigre de vin blanc ou du vinaigre de cidre.

La pâte de graines de sésame
On l'obtient en écrasant les graines de sésame. Elle a un goût de noisette prononcé.

La pâte de crevettes
On la trouve fraîche ou séchée, sous plastique ou en blocs en sachets. Elle est à base de crevettes salées et fermentées, et c'est une source importante de protéines dans beaucoup de régimes du Sud-Est asiatique. Les cubes séchés sont plus forts que les frais.

Le poivre du Sichuan
Cet ingrédient est plus parfumé que fort. Malgré son nom, il ne s'agit pas véritablement de poivre, mais de baies séchées d'un arbuste chinois.

La pâte de tamarin
On l'obtient à partir des gousses amères d'un grand conifère persistant qui pousse en Inde. La pulpe est réduite en pâte qui est ensuite vendue en blocs brun foncé ou en bocaux. Son goût à la fois acide et piquant lui donne une saveur particulière.

La sauce de poisson thaïe (nam pla)
La pulpe est réduite en pâte qui est ensuite vendue en blocs brun foncé ou en bocaux. Son goût à la fois acide et piquant lui donne une saveur particulière.

La sauce aux haricots de soja jaunes
Elle est à base de haricots de soja jaunes. C'est plutôt une pâte qu'une sauce. Elle a la même saveur que la sauce soja. Elle a un goût agréable et est très appréciée car elle donne instantanément une saveur chinoise aux plats sautés.

La découverte des épices

Chapitre 6
Occasions spéciales

Dans ce chapitre, vous trouverez des plats exceptionnels à préparer au wok ainsi que des idées de menus pour vous aider à préparer de merveilleux repas en toutes occasions, du déjeuner léger au buffet oriental.

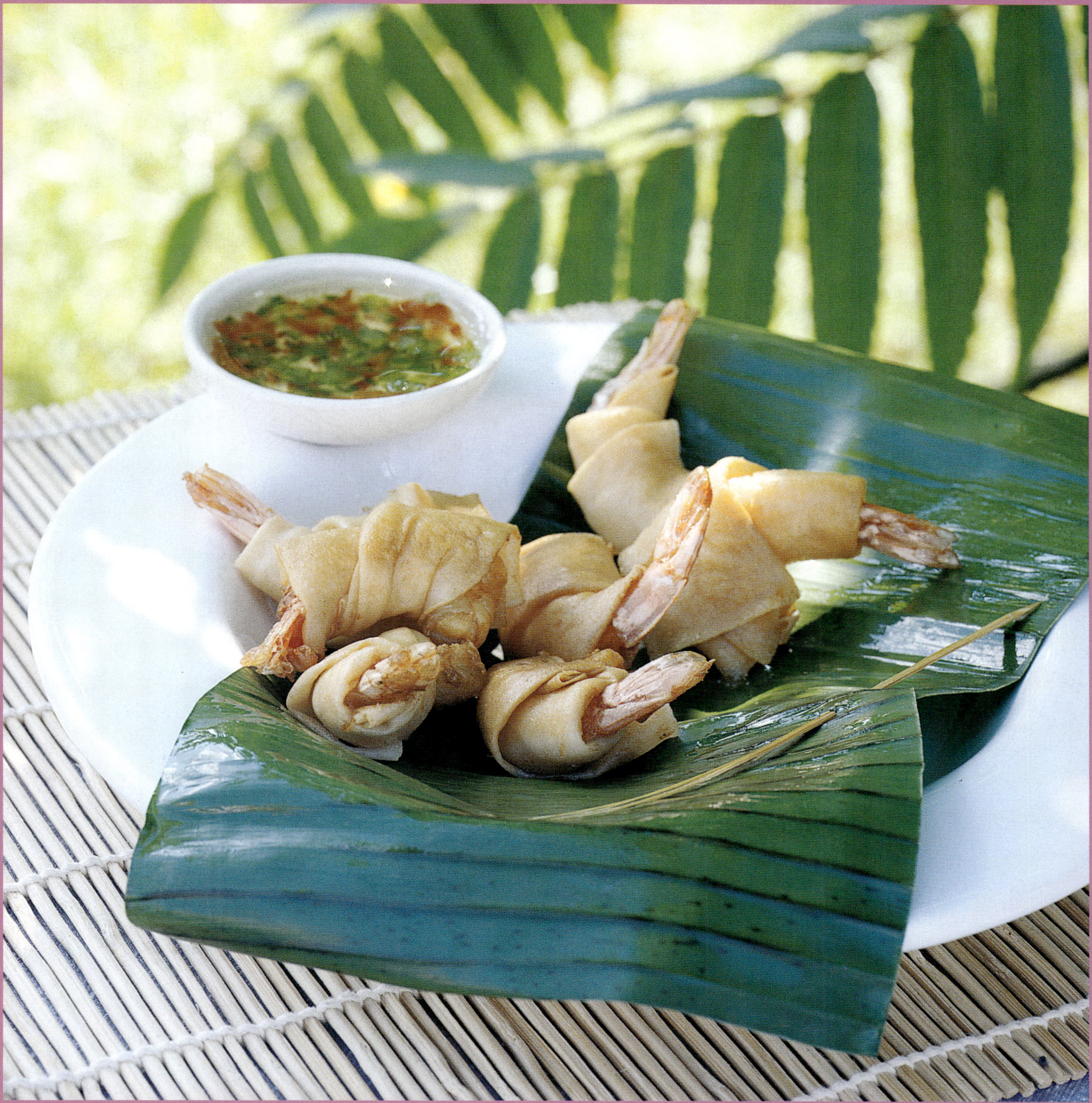

Soupe de poulet au lait de coco

Preparation : 10 minutes
Cuisson : 10 minutes

Pour 4 personnes

60 cl de bouillon de volaille (voir page 154)
6 feuilles de lime de Cafre coupées en morceaux
1 tige de citronnelle émincée en biseau
1 morceau de galanga ou de racine de gingembre frais de 5 cm épluché et émincé
25 cl de lait de coco (voir page 156)
8 c. à s. de sauce de poisson thaïe (nam pla)
2 c. à c. de sucre de palme ou de sucre roux
6 c. à s. de jus de citron
250 g de poulet désossé sans la peau coupé en petits morceaux
4 c. à s. d'huile pimentée ou 4 petits piments frais épépinés et émincés (facultatif)

1 Chauffer le bouillon dans un wok, ajouter les feuilles de lime, la citronnelle et le galanga ou le gingembre. Quand le bouillon commence à frémir, ajouter le lait de coco, la sauce de poisson thaïe, le sucre et le jus de citron. Ajouter le poulet et laisser cuire pendant 5 minutes.

2 Ajouter, éventuellement, l'huile pimentée ou les piments frais, remuer et servir immédiatement.

À savoir
Vous pouvez préparer cette soupe à l'avance : réalisez l'étape 1, puis laissez la soupe refroidir et placez-la au frais jusqu'au moment de l'utilisation. Réchauffez-la et ajoutez les piments avant de servir.

Agneau croustillant et salade

Préparation : 10 minutes
+ temps de marinade et de refroidissement
Cuisson : 15 minutes environ

Pour 4 à 6 personnes

375 g de gigot d'agneau désossé ou de filet d'agneau
2 c. à s. de sauce soja
1 c. à s. de vin de riz ou de xérès sec
2 gousses d'ail émincées
3 c. à s. de Maïzena
30 cl environ d'huile d'arachide
½ poivron rouge vidé, épépiné et coupé en petits dés, pour décorer

POUR SERVIR :
8 à 12 feuilles de romaine ou de laitue
4 oignons de printemps coupés en très fines lanières
sauce aux prunes

1 Couper l'agneau en lanières de 5 cm de long et 1 cm d'épaisseur dans le sens des fibres.

2 Mélanger la sauce soja, le vin de riz ou le xérès et l'ail dans un plat non métallique. Ajouter les lanières d'agneau et bien mélanger pour les enrober de sauce uniformément. Couvrir le plat et laisser mariner au réfrigérateur pendant 30 minutes au moins.

3 Saupoudrer l'agneau de Maïzena et bien mélanger. Remettre la viande au réfrigérateur, sans couvrir, encore 30 minutes environ.

4 Chauffer l'huile dans un wok, sans la laisser fumer. Y faire frire les lanières d'agneau en quatre fois environ, pendant 3 minutes à chaque fois, jusqu'à ce qu'elles soient croustillantes et bien dorées. Retirer la viande du wok avec une écumoire et l'égoutter sur du papier absorbant. La mettre dans un saladier et décorer avec le poivron.

5 Pour servir, placer la salade et les oignons dans deux plats : pour déguster, chaque convive doit déposer 1 cuillerée de sauce aux prunes sur 1 feuille de salade, ajouter de la viande, parsemer des lanières d'oignon de printemps et enrouler le tout dans la feuille de salade.

À savoir
Faire mariner l'agneau lui donne plus de goût, le placer au réfrigérateur après l'avoir enrobé de Maïzena le rend croustillant. Néanmoins, faute de temps, vous pouvez supprimer ces deux étapes.

Occasions spéciales

Rouleaux croustillants aux crevettes

Préparation : 20 minutes
Cuisson : 10 minutes

Pour 3 ou 4 personnes

16 grosses crevettes crues décortiquées et débarrassées de la veine dorsale
75 g de porc haché
½ c. à c. de sucre
1 c. à s. d'oignon finement haché
1 gousse d'ail finement hachée
2 c. à c. de sauce soja claire
12 galettes de riz
1 blanc d'œuf battu
huile pour friture
basilic ou coriandre, pour décorer (facultatif)
sauce sucrée pimentée (voir page 156), pour servir

1 Hacher finement 4 crevettes. Les mélanger avec le porc, le sucre, l'oignon, l'ail et la sauce soja dans un saladier. Réserver.

2 Ouvrir délicatement les crevettes restantes en deux, en prenant soin de ne pas séparer complètement les deux moitiés et en laissant la queue intacte.

3 Déposer 1 cuillerée à café ou plus du mélange à base de porc sur 1 crevette ouverte. Prendre 1 galette de riz, la replier aux ³/₄, placer la crevette sur la double épaisseur en laissant la queue en dehors et enrouler la galette. Rentrer les extrémités et les coller avec du blanc d'œuf. Préparer toutes les crevettes de la même façon.

4 Chauffer l'huile dans un wok. Y faire frire les rouleaux aux crevettes par petites quantités pendant 5 minutes environ, jusqu'à ce qu'ils soient dorés. Les retirer du wok et les égoutter sur du papier absorbant. Décorer, éventuellement, de basilic ou de coriandre. Servir chaud, avec de la sauce sucrée pimentée.

Conseil

Pour un dîner entre amis ou pour un buffet, disposez ces appétissants rouleaux sur un plat parmi d'autres délicieuses spécialités.

Papillotes de poisson frites

Préparation : 15 minutes
Cuisson : 3 minutes

Pour 4 personnes

4 filets de sole de 125 g chacun
1 pincée de sel
2 c. à s. de vin de riz ou de xérès sec
1 c. à s. d'huile d'arachide + supplément pour la friture
2 c. à s. d'oignons de printemps coupés en lanières
2 c. à s. de racine de gingembre frais coupée en lanières
pompons d'oignons de printemps (voir page 10), pour décorer

1 Couper les filets de sole en carrés de 2,5 cm. Les saler et les tremper dans le vin de riz ou le xérès.

2 Découper des carrés de 4 x 15 cm dans du papier sulfurisé et les badigeonner d'huile. Déposer quelques morceaux de sole sur chaque carré et les parsemer de lanières d'oignon de printemps et de gingembre.

3 Replier les carrés en forme d'enveloppes, en rentrant soigneusement les bords pour bien les fermer.

4 Chauffer l'huile dans un wok à 180 °C (un dé de pain doit y dorer en 30 secondes). Y faire frire les papillotes pendant 3 minutes. Les égoutter et les placer sur un plat chaud. Décorer avec les pompons d'oignon de printemps et servir immédiatement. Pour déguster, chaque convive défait sa papillote avec ses baguettes.

À savoir
Vous pouvez utiliser un autre poisson que la sole. Le carrelet, le cabillaud et le bar sont d'excellents choix également.

Occasions spéciales

Flétan frit à la vietnamienne

Preparation : 10 minutes + temps de marinade
Cuisson : 10 minutes

Pour 4 personnes

750 g de flétan coupé en morceaux de 2,5 cm
3 c. à s. de sauce de poisson thaïe (nam pla)
1 c. à c. de sel
1 c. à c. de poivre
huile pour friture
1 morceau de 2,5 cm de galanga épluché et finement émincé
1 morceau de 5 cm de racine de gingembre frais épluché et finement émincé
1 c. à c. de curcuma moulu
1 poignée d'aneth haché
sauce au vinaigre et à la sauce soja (voir page 156), pour servir

POUR DÉCORER :
oignons de printemps émincés
cacahuètes grillées et pilées (voir page 157)
brins de coriandre et de basilic

1 Mettre le flétan dans un bol, ajouter la sauce de poisson, le sel et le poivre et bien mélanger. Couvrir et laisser mariner au réfrigérateur pendant 2 heures.

2 Chauffer ½ cm environ d'huile dans un wok. Ajouter le galanga, le gingembre et le curcuma. Mélanger puis ajouter les morceaux de flétan. Mélanger à nouveau et laisser cuire à feu modéré pendant 5 minutes environ, en remuant. Le poisson doit être bien cuit. Ajouter l'aneth et mélanger soigneusement.

3 Décorer le poisson avec des oignons de printemps, des cacahuètes, de la coriandre et du basilic. Servir avec la sauce.

À savoir
Au Vietnam, on sert en général ce plat dans des bols individuels sur du riz ou des nouilles.

Occasions spéciales

Crabe à la mode de Singapour

Préparation : 15 minutes
Cuisson : 10 minutes

Pour 4 personnes

2 c. à s. d'huile d'arachide
1 morceau de 2,5 cm de racine de gingembre frais épluché et finement haché
1 gousse d'ail finement hachée
1 c. à c. de poudre de piment
6 c. à s. de ketchup
2 c. à s. de vinaigre de vin rouge
1 c. à s. de sucre roux
15 cl de fumet de poisson bouillant (voir page 154)
1 gros crabe cuit découpé en morceaux, les pattes et les pinces cassées
sel

POUR SERVIR :
lanières ou rondelles de concombre
chips aux crevettes
riz blanc

1 Chauffer l'huile dans un wok à feu modéré. Y faire sauter le gingembre et l'ail de 2 à 3 minutes, jusqu'à ce qu'ils soient ramollis mais pas trop colorés.

2 Ajouter la poudre de piment, bien mélanger, puis le ketchup, le vinaigre et le sucre. Porter à ébullition. Ajouter le fumet puis les morceaux de crabe. Faire cuire pendant 5 minutes, en remuant constamment, jusqu'à ce que le crabe soit bien chaud. Saler selon le goût.

3 Servir chaud, avec des lanières ou des rondelles de concombre, des chips aux crevettes et du riz blanc présentés séparément.

Conseil
Quand vous achetez le crabe, demandez au poissonnier de retirer toutes les parties qui ne se consomment pas.

Occasions spéciales

Poulet au citron

Preparation : 15 minutes
Cuisson : 20 minutes environ

Pour 2 personnes

1 blanc d'œuf
2 c. à c. de Maïzena
1 pincée de sel
2 blancs de poulet sans la peau coupés en lanières dans le sens des fibres
30 cl d'huile d'arachide
½ botte d'oignons de printemps coupés en lanières
1 gousse d'ail écrasée
rondelles de citron, pour décorer

SAUCE :
2 c. à c. de Maïzena
2 c. à s. environ d'eau
le zeste de ½ citron finement râpé
2 c. à s. de jus de citron
1 c. à s. de sauce soja
2 c. à c. de vin de riz ou de xérès sec
2 c. à c. de sucre

1 Préparer la sauce : mélanger la Maïzena avec l'eau dans une jatte, pour obtenir une pâte lisse. Incorporer les autres ingrédients dans la pâte. Réserver.

2 Battre légèrement le blanc d'œuf avec la Maïzena et le sel dans un plat. Ajouter les lanières de poulet, mélanger pour bien les enrober. Réserver.

3 Chauffer l'huile dans un wok sans le laisser fumer. Plonger les lanières de poulet dans l'huile chaude une par une, à l'aide d'une fourchette. Les faire frire par petites quantités de 2 à 3 minutes, jusqu'à ce qu'elles soient dorées. Les retirer avec une écumoire et les égoutter sur du papier absorbant.

4 Vider l'huile du wok, en en laissant la valeur de 1 cuillerée à soupe. Ajouter les oignons de printemps et l'ail et les faire revenir à feu modéré 30 secondes. Remuer la sauce, la verser dans le wok et bien mélanger. Augmenter la chaleur et porter à ébullition en remuant constamment.

5 Faire sauter les lanières de poulet dans le wok de 1 à 2 minutes, jusqu'à ce qu'elles soient bien enrobées de sauce. Décorer avec des rondelles de citron et servir immédiatement.

À savoir
On utilise des oignons de printemps pour leur croquant, mais ils ne sont pas indispensables. Vous pouvez les remplacer par du poivron vert, ou ne pas mettre de légumes du tout.

Occasions spéciales

Poulet chop suey à l'ail

Préparation : 8 minutes
Cuisson : de 8 à 10 minutes

Pour 4 personnes

2 c. à s. d'huile d'arachide
5 oignons de printemps hachés
1 morceau de racine de gingembre frais de 2,5 cm épluché et haché
2 gousses d'ail écrasées
175 g de blanc de poulet sans la peau coupé en fines lanières
1 c. à s. de concentré de tomate
2 c. à s. de vin de riz ou de xérès sec
2 c. à s. de sauce soja
1 c. à c. de sucre
8 c. à s. d'eau
300 g de germes de soja
3 œufs battus avec 2 c. à s. d'eau

1 Chauffer 1 cuillerée à soupe d'huile dans un wok. Y faire sauter les oignons de printemps et le gingembre 1 minute. Ajouter l'ail et le poulet. Faire sauter ces ingrédients pendant 2 minutes. Baisser le feu, ajouter le concentré de tomate, le vin de riz ou le xérès, la sauce soja, le sucre et 5 cuillerées à soupe d'eau. Laisser chauffer doucement, puis transvaser la préparation dans un plat chaud.

2 Chauffer 2 cuillerées à café de l'huile restante, ajouter les germes de soja et le reste d'eau et faire revenir pendant 3 minutes. Verser la préparation dans le plat de service.

3 Essuyer le wok et chauffer le reste d'huile. Verser les œufs battus et les cuire jusqu'à ce qu'ils soient bien cuits et croustillants. Mettre l'omelette obtenue sur les germes de soja et servir immédiatement.

À savoir
Le terme chop suey vient du mot chinois « zasui » et signifie « bouchées variées ». Tous les restes de viande cuite, de poisson et de légumes peuvent être préparés de cette façon.

Occasions spéciales

Canard sauté à la mangue

À savoir
Dans cette recette, la saveur de la mangue contraste avec la richesse de la chair du canard et tempère l'ardeur du piment. Servez le canard avec du riz blanc cuit à l'eau ou à la vapeur, pour en faire un plat complet.

Préparation : 15 minutes + temps de marinade
Cuisson : 15 minutes environ

Pour 2 à 4 personnes

1 gros magret de canard
1 mangue bien mûre
4 c. à s. d'huile d'arachide
1 gros piment vert frais épépiné et finement émincé
4 c. à s. de vin de riz ou de xérès sec
75 g de chou blanc chinois ou de chou frisé de Milan coupé en lanières

MARINADE :
2 c. à s. de sauce soja claire ou noire
1 c. à s. de vinaigre de vin de riz, de vin blanc ou de cidre
½ c. à c. d'huile pimentée
1 morceau de 2,5 cm de racine de gingembre frais râpé
½ c. à c. de poudre de cinq-épices

1 Retirer la peau et le gras du canard. Couper la chair en fines lanières, en biseau et dans le sens contraire des fibres, et les mettre dans un plat non métallique. Mélanger tous les ingrédients de la marinade, verser celle-ci dans le plat et bien mélanger. Couvrir et laisser mariner à température ambiante pendant 30 minutes environ.

2 Pendant ce temps, couper la mangue en trois morceaux dans le sens de la longueur, ôter le noyau, la peler et couper la chair en lanières.

3 Chauffer la moitié de l'huile dans un wok. Y faire sauter la moitié des lanières de canard à feu vif de 4 à 5 minutes. Les retirer avec une écumoire. Chauffer le reste d'huile et y faire sauter le reste des lanières de canard de la même façon.

4 Remettre les lanières de canard réservées dans le wok, parsemer le piment et verser le vin de riz ou le xérès. Bien remuer puis ajouter la mangue et le chou. Faire sauter ces ingrédients de 1 à 2 minutes. Servir.

Occasions spéciales

Salade chaude au canard

Préparation : de 8 à 10 minutes
Cuisson : 3 minutes

Pour 2 personnes

¼ de canard cuit froid
6 petits piments verts frais épépinés et finement émincés
½ oignon rouge finement émincé
25 g de feuilles et de tiges de coriandre finement hachées
½ tomate coupée en quartiers
4 c. à s. de jus de citron vert
1 c. à c. bombée de sucre de palme ou de sucre roux
1½ c. à c. de sauce de poisson thaïe (nam pla)

POUR SERVIR :
feuilles de laitue
feuilles de menthe fraîche

1 Retirer la peau du canard et couper la chair en petits morceaux.

2 Bien chauffer un wok et éteindre le feu. Mettre le canard dans le wok pour le réchauffer, puis ajouter les piments, l'oignon, la coriandre, la tomate, le jus de citron, le sucre et la sauce de poisson thaïe. Faire sauter ces ingrédients en remuant pendant 3 minutes.

3 Pour servir, répartir des feuilles de laitue et de menthe sur un plat. Disposer la salade de canard à côté. Servir immédiatement.

Conseil
Servez cette salade chaude dans un repas thaïlandais avec d'autres plats accompagnés de riz et de nouilles. Vous pouvez aussi la servir en entrée.

Occasions spéciales

Porc glacé à l'orange

Préparation : 15 minutes
Cuisson : 10 minutes

Pour 3 ou 4 personnes

le zeste fin de 1 grosse orange coupé en très fins bâtonnets
3 c. à s. d'huile d'arachide
500 g de filet de porc finement tranché dans le sens des fibres
1 oignon finement haché
1 morceau de racine de gingembre frais de 2,5 cm épluché et finement haché
4 c. à s. de jus d'orange
4 c. à s. de miel liquide
2 c. à s. de beurre de cacahuètes croustillant
2 c. à s. de sauce soja
½ c. à c. de poudre de piment
quelques brins de menthe, pour décorer

1 Blanchir les bâtonnets de zeste d'orange dans de l'eau bouillante pendant 1 minute. Les égoutter, les rincer à l'eau froide et les égoutter à nouveau. Réserver.

2 Chauffer 2 cuillerées à soupe d'huile dans un wok à feu modéré. Y faire sauter le porc, en augmentant la chaleur au maximum, de 2 à 3 minutes. Transvaser le porc, avec son jus, dans un saladier et réserver.

3 Chauffer le reste d'huile dans le wok. Y faire sauter l'oignon et le gingembre de 2 à 3 minutes, jusqu'à ce qu'ils ramollissent sans colorer. Ajouter le jus d'orange, le miel, le beurre de cacahuètes, la sauce soja et le piment. Porter à ébullition en remuant pendant 1 minute.

4 Remettre le porc, avec son jus, dans le wok, ajouter la moitié du zeste d'orange et bien mélanger. Remuer jusqu'à ce que tous les ingrédients soient bien mélangés et le porc, bien chaud. Parsemer le reste du zeste d'orange, décorer avec des brins de menthe et servir.

Conseil
Pour le meilleur résultat, choisissez une belle orange sucrée et très juteuse.

Occasions spéciales

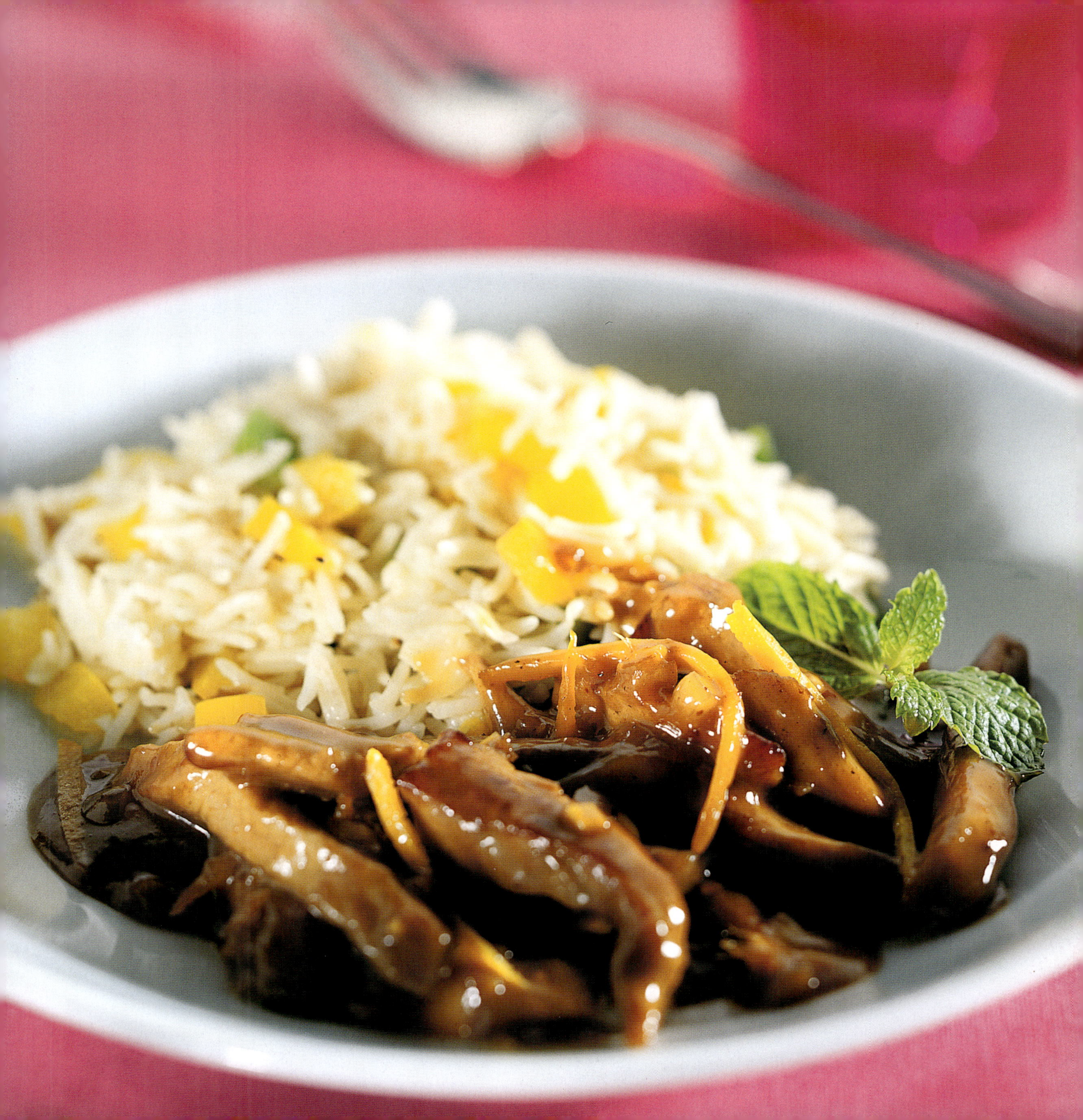

Salade thaïlandaise au bœuf épicé

Préparation : 15 minutes
Cuisson : de 5 à 10 minutes

Pour 4 personnes

2 c. à s. d'huile d'arachide
500 g de filet de bœuf coupé en lanières dans le sens de la fibre
3 gousses d'ail finement hachées
2 piments verts frais, finement émincés
8 c. à s. de jus de citron
1 c. à s. de sauce poisson thaïe (nam pla)
2 c. à c. de sucre en poudre
2 papayes mûres, épluchées et coupées en fines tranches
½ gros concombre, coupé en allumettes
75 g de germes de soja
1 laitue croquante coupée en lanières
sauce aux piments, pour servir (facultatif)

1 Chauffer l'huile dans un wok à feu modéré. Ajouter le bœuf, l'ail et les piments et les faire sauter de 3 à 4 minutes, jusqu'à ce que la viande soit brunie sur tous les côtés. Ajouter le jus de citron, la sauce de poisson thaïe et le sucre. Faire sauter les ingrédients jusqu'à ce qu'ils grésillent.

2 Retirer le wok du feu. Retirer la viande en l'égouttant avec une écumoire et mélanger avec les papayes, le concombre, les germes de soja et la laitue. Arroser le mélange avec le liquide du wok comme s'il s'agissait d'une sauce. Servir chaud avec un bol de sauce aux piments selon le goût.

À savoir
Pour faire une salade de bœuf à la mangue, remplacez les papayes par 2 mangues mûres. Servez chaud sur un lit de coriandre fraîche à la place de la laitue et arrosez avec le jus du wok.

Filet de bœuf aux graines de sésame

Préparation : 15 minutes + temps de marinade
Cuisson : de 3 à 6 minutes

Pour 4 personnes

4 grosses gousses d'ail écrasées
1½ c. à s. de sauce soja claire
1 c. à s. de sauce de poisson thaïe (nam pla)
1 c. à c. d'huile de sésame
1 c. à s. de sucre de palme ou de sucre roux
1 c. à c. de poivre
3 petits piments rouges frais épépinés et finement hachés
2 c. à s. d'huile d'arachide
500 g de filet de bœuf finement tranché
2 c. à c. de graines de sésame grillées
ciboule chinoise, pour décorer
riz blanc cuit à l'eau ou à la vapeur, pour servir

1 Mélanger l'ail, la sauce soja, la sauce de poisson thaïe, l'huile de sésame, le sucre, le poivre et les piments avec 1 cuillerée à soupe d'huile d'arachide dans un saladier. Ajouter les tranches de bœuf, bien mélanger, couvrir et laisser mariner au réfrigérateur pendant 12 heures.

2 Chauffer le reste d'huile d'arachide dans un wok. Quand elle est très chaude, disposer les tranches de bœuf dans le wok en une couche. Les cuire rapidement, 30 secondes environ de chaque côté, et les mettre sur un plat chaud. Couvrir et garder au chaud. Procéder de la même façon avec le reste de bœuf. Parsemer les graines de sésame sur la viande, décorer avec de la ciboule et servir avec du riz.

À savoir
La force des piments est concentrée dans les membranes des graines. En ôtant ces dernières, vous les adoucirez donc un peu.

Occasions spéciales

Bœuf à la tangerine

Préparation : 15 minutes
+ temps de congélation et de marinade
Cuisson : 15 minutes environ

Pour 2 ou 3 personnes

375 g de rumsteck sans gras
3 c. à s. d'huile d'arachide
4 échalotes coupées en morceaux dans la longueur
20 cl de bouillon de bœuf (voir page 154) ou d'eau
2 c. à s. de sauce soja
2 c. à s. de vin de riz ou de xérès sec
3 tangerines épluchées et segmentées, avec leur jus
1 piment vert frais épépiné et très finement haché
1 ou 2 c. à c. de sucre
sel et poivre

MARINADE :
2 morceaux de zestes d'agrumes séchés
2 c. à s. de sauce soja
1 c. à s. de vinaigre de vin de riz, de vin blanc ou de cidre
1 c. à s. de Maïzena
1 c. à c. de sucre

1 Envelopper le bœuf dans du film alimentaire et le mettre au freezer de 1 à 2 heures, jusqu'à ce qu'il devienne juste dur. Pendant ce temps, faire tremper les zestes d'agrumes pour la marinade dans de l'eau chaude pendant 30 minutes, les égoutter et les hacher.

2 Couper la viande en fines tranches dans le sens des fibres. Les placer dans un plat non métallique. Battre ensemble tous les ingrédients de la marinade, verser celle-ci sur la viande et bien mélanger. Laisser mariner à température ambiante pendant 30 minutes environ, jusqu'à ce que le bœuf soit complètement décongelé.

3 Chauffer 1 cuillerée à soupe d'huile dans un wok. Y faire sauter la moitié de la viande à feu vif pendant 3 minutes. Transvaser les tranches de viande sur une assiette à l'aide d'une écumoire. Chauffer 1 cuillerée à soupe d'huile et y faire sauter le reste de viande marinée. Réserver.

4 Chauffer le reste d'huile dans le wok, ajouter les échalotes, le bouillon ou l'eau, la sauce soja, le vin de riz ou le xérès et le jus des tangerines. Parsemer le piment, saupoudrer du sucre et d'un peu de sel et de poivre. Porter à ébullition, mélanger, poursuivre la cuisson pendant 5 minutes environ, en remuant constamment, jusqu'à ce que le liquide ait réduit.

5 Remettre le bœuf dans le wok, mélanger en remuant vigoureusement de 1 à 2 minutes, jusqu'à ce que tous les ingrédients soient bien mélangés et enrobés de sauce. Ajouter $2/3$ des segments de tangerine, mélanger et rectifier l'assaisonnement si nécessaire. Servir immédiatement.

Conseil
Pour segmenter une tangerine, épluchez-la puis coupez-la verticalement le long des membranes, pour libérer la pulpe segment par segment, en la tenant au-dessus d'un bol pour récupérer le jus restant en pressant les membranes.

Occasions spéciales

Nouilles aux œufs sautées

Preparation : 10 minutes
Cuisson : 20 minutes

Pour 4 personnes

4 c. à s. d'huile d'arachide
1 gousse d'ail écrasée
1 échalote ou 1 petit oignon finement émincé
125 g de nouilles aux œufs fraîches
le zeste râpé et le jus de 1 citron vert
2 c. à c. de sauce soja
125 g de blancs de poulet sans la peau ou de filet de porc émincés
125 g de chair de crabe ou de calmars préparés
125 g de crevettes crues, décortiquées et débarrassées de la veine dorsale
poivre
1 c. à s. de sauce aux haricots de soja jaunes
1 c. à s. de sauce de poisson thaïe (nam pla)
2 c. à s. de sucre de palme ou de sucre roux
2 œufs
2 piments rouges frais épépinés et hachés

POUR DÉCORER :
feuilles de coriandre
1 zeste de citron vert finement émincé

1 Chauffer la moitié de l'huile dans le wok. Y faire sauter rapidement l'ail et l'échalote ou l'oignon, jusqu'à ce qu'ils soient dorés et tendres.

2 Plonger les nouilles dans de l'eau bouillante quelques secondes. Bien les égoutter et les ajouter dans le wok. Faire sauter les nouilles avec le zeste et le jus de citron vert ainsi que la sauce soja de 3 à 4 minutes. Les retirer du wok, les égoutter et garder au chaud.

3 Verser le reste d'huile dans le wok. Y faire sauter le poulet ou le porc avec le crabe ou les calmars et les crevettes à feu vif, jusqu'à ce qu'ils soient cuits. Assaisonner avec du poivre, ajouter la sauce aux haricots de soja jaunes, la sauce de poisson thaïe et le sucre. Mélanger.

4 Casser les œufs dans le wok, mélanger doucement jusqu'à ce qu'ils soient bien pris. Ajouter les piments et rectifier l'assaisonnement si nécessaire. Ajouter les nouilles et mélanger à feu modéré. Décorer avec des feuilles de coriandre et le zeste de citron vert. Servir immédiatement.

À savoir
Vous trouverez des calmars déjà préparés dans la plupart des supermarchés. Il vous suffira de les couper avant de les mettre dans le wok. Veillez bien à ne pas trop les cuire, car ils deviendraient caoutchouteux.

Occasions spéciales

Mini-légumes sautés, sauce à l'orange et à la sauce d'huître

Préparation : 12 minutes
Cuisson : de 12 à 15 minutes

Pour 4 à 6 personnes

2 c. à s. d'huile
175 g de mini-carottes
175 g de mini-épis de maïs
175 g de petits champignons de Paris
sel et poivre
persil, pour décorer

SAUCE :
2 c. à s. de Maïzena
4 c. à s. d'eau
le zeste finement râpé et le jus de 1 belle orange
2 c. à s. de sauce d'huître
1 c. à s. de vin de riz ou de xérès sec

1 Préparer la sauce : mélanger la Maïzena et l'eau dans un bol, puis ajouter le zeste et le jus de l'orange, la sauce d'huître et le vin de riz ou le xérès. Bien mélanger.

2 Chauffer l'huile dans un wok. Y faire sauter les mini-carottes et les mini-épis de maïs pendant 5 minutes. Ajouter les champignons. Faire sauter la préparation de 3 à 4 minutes.

3 Verser la sauce sur les légumes et porter à ébullition sur feu vif, en remuant continuellement, jusqu'à ce que le mélange devienne épais et brillant. Ajouter du sel et du poivre selon le goût. Décorer avec du persil et servir immédiatement.

Conseil
Ce plat a suffisamment d'arôme pour que vous le serviez en plat principal. Accompagnez-le de nouilles ou de riz blanc cuit à l'eau ou à la vapeur.

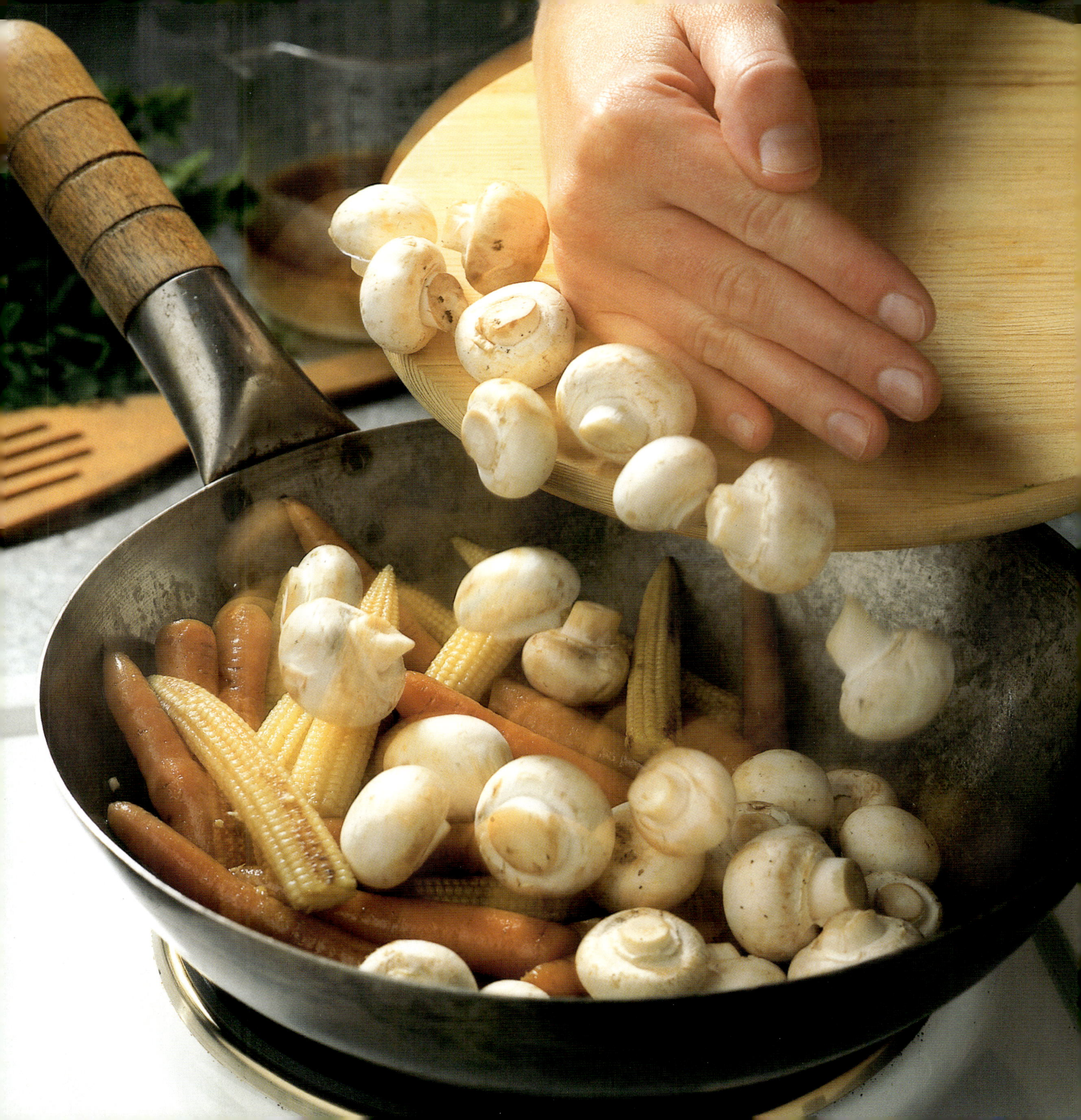

Choix de menus

Voici des idées de menus à préparer en différentes occasions. Si vous avez beaucoup d'invités, il vous sera facile de doubler les quantités de certaines recettes ou, au contraire, de les réduire pour des repas plus intimes. Les plats de chaque menu permettent de faire un repas équilibré, mais si une recette ne vous convient pas, vous pouvez la remplacer par celle d'un autre menu. Si vous recevez des amis et que la préparation vous semble trop longue, demandez-leur d'apporter leur wok et de vous aider, puisque beaucoup de plats peuvent être préparés à la dernière minute.

Déjeuner léger
Raviolis wonton vietnamiens (page 79)
Laksa (page 68)

Délices thaïlandais
Soupe de poulet au lait de coco (page 120)
Rouleaux croustillants aux crevettes (page 122)
Poulet à la thaïlandaise à la pâte de curry verte (page 61)
Omelette farcie à la thaïlandaise (page 27)
Salade de chou blanc (page 92)
Riz sauté aux œufs (page 66)

Déjeuner dominical décontracté
Soupe aux nouilles et au poulet mariné (page 78)
Salade de chou blanc (page 92)

Spécialités vietnamiennes
Rouleaux vietnamiens au poulet (page 20)
Raviolis wonton vietnamiens (page 79)
Flétan frit à la vietnamienne (page 124)
Porc au caramel (page 86)
Légumes sautés à la citronnelle (page 91)
Riz blanc cuit à l'eau

Occasion spéciale
Rouleaux croustillants aux crevettes (page 122)
Gâteaux de crabe (page 22)
Agneau croustillant et salade (page 121)
Poisson à l'aigre-doux, sauce rouge (page 80)
Coquilles Saint-Jacques à la sichuanaise (page 59)
Filet de bœuf aux graines de sésame (page 133)
Pak-choï à l'ail et à la sauce d'huître (page 52)
Nouilles sautées de Singapour (page 70)
Bananes frites au caramel (page 146)

Dîner familial convivial
Poulet au citron (page 126)
Légumes chinois sautés (page 53)
Nouilles chinoises aux crevettes (page 39)
Bananes frites au caramel (page 146)

Buffet oriental
Rouleaux de printemps (page 15)
Wonton frits (page 16)
Lanières de chou croustillantes (page 17)
Poivrons farcis au porc et au gingembre (page 21)
Galettes de poisson épicées (page 103)
Poulet à la sauce aux piments et aux haricots noirs (page 108)
Porc glacé à l'orange (page 130)
Agneau de printemps sauté à l'ail (page 48)
Riz nature à l'eau

Festin végétarien
Légumes pakoras (page 18)
Lanières de chou croustillantes (page 17)
Samosas de pommes de terre au fenugrec (page 24)
Mini-légumes sautés, sauce à l'orange et à la sauce d'huître (page 136)
Champignons sautés (page 50)
Légumes chinois sautés (page 53)
Aubergines braisées (page 106)
Riz au lait de coco (page 67)
Nouilles aux œufs sautées aux légumes et au tofu (page 96)
Pommes au caramel à la mode de Pékin (page 143)

Tradition chinoise
Rouleaux de printemps (page 15)
Poivrons farcis au porc et au gingembre (page 21)
Lotte sautée à la sauce aux haricots de soja jaunes (page 36)
Poulet aux noix de cajou, au vin de riz et au gingembre (page 42)
Porc à la cantonaise sauce aigre-douce (page 65)
Légumes sautés de Shanghai (page 72)
Chow mein (page 69)
Riz sauté aux œufs (page 66)
Petites crêpes à la pâte de haricots rouges (page 149)

Grande fête
Soupe aux nouilles transparentes (page 14)
Rouleaux vietnamiens au poulet (page 20)
Calmars aux poivrons verts (page 41)
Curry de poulet à la citronnelle (page 110)
Bouchées au porc sautées (page 45)
Riz nature à l'eau
Nouilles sautées à la thaïlandaise (page 71)
Plateau de fruits

Fruits de mer
Raviolis wonton aux crevettes (page 58)
Gâteaux de crabe (page 22)
Papillotes de poisson frites (page 123)
Crevettes frites, recette rapide (page 38)
Noix de Saint-Jacques au citron et au gingembre (page 40)
Crabe à la mode de Singapour (page 125)
Nouilles chinoises aux crevettes (page 39)
Riz au lait de coco (page 67)
Beignets de pomme à la noix de coco (page 142)

Plats épicés
Soupe de poulet au lait de coco (page 120)
Wonton frits (page 16)
Curry de poulet birman aux nouilles transparentes (page 84)
Agneau à la sauce piquante (page 112)
Riz sauté épicé aux piments rouges (page 93)
Haricots verts au sambal (page 113)

Préparation à l'avance
Soupe de poulet au lait de coco (page 120)
Salade thaïlandaise à la mode du nord (page 28)
Fruits exotiques

Dîner végétarien
Nouilles sautées à la thaïlandaise (page 71)
Légumes sautés à la citronnelle (page 91)
Légumes sautés de Shanghai (page 72)

Occasions spéciales 139

Chapitre 7
Tentations sucrées

Ajoutez la touche finale à votre repas en préparant un dessert au wok. Le style décontracté de la cuisine orientale incite à la détente. Alors, pourquoi ne pas envisager de préparer une fête asiatique ? Vous trouverez de nombreuses idées dans ce chapitre pour vous inspirer.

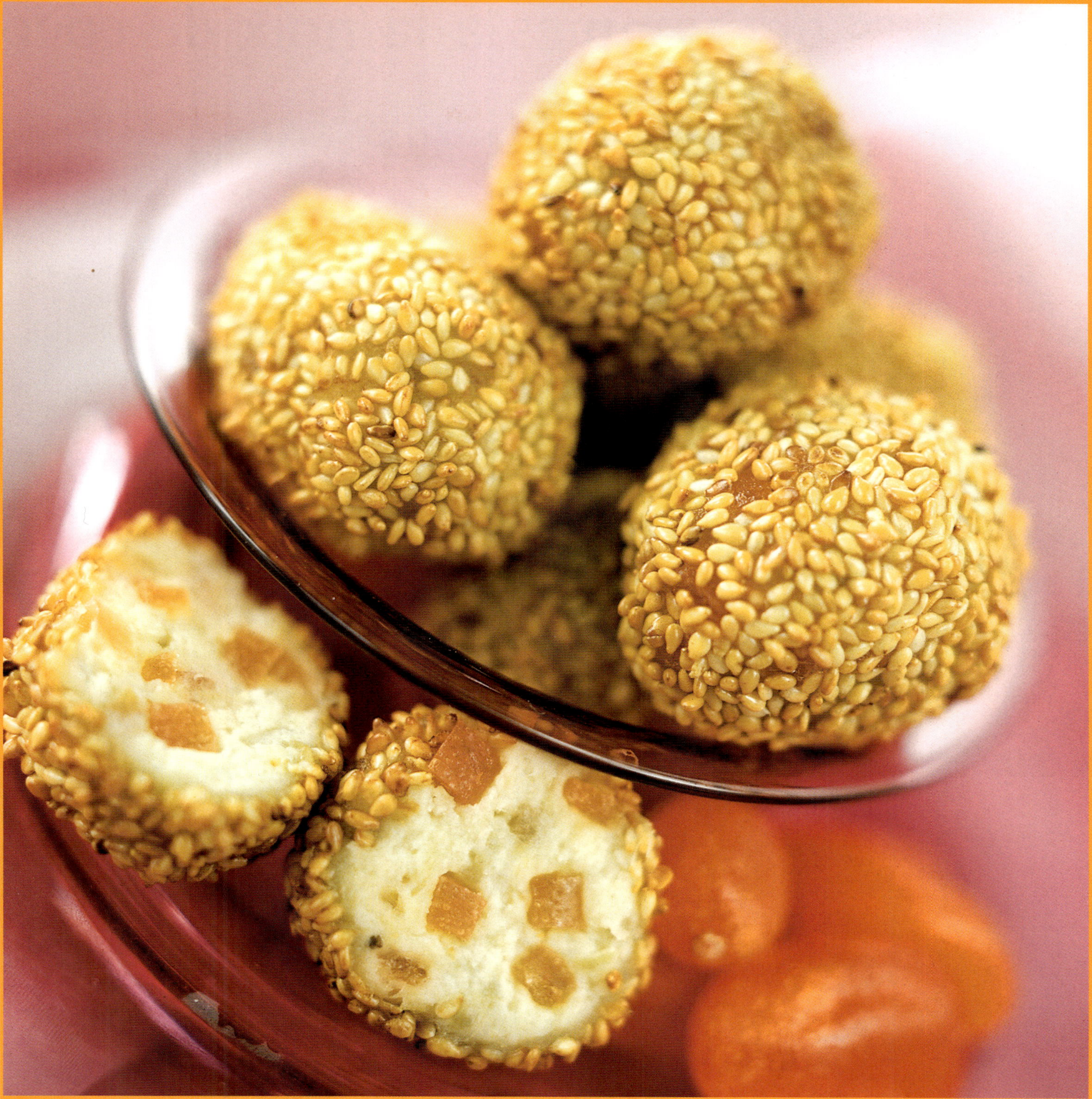

Beignets de pommes à la noix de coco

Preparation : 20 minutes + temps de repos
Cuisson : de 5 à 10 minutes

Pour 4 personnes

125 g de sucre de palme ou de sucre roux
40 cl d'eau
250 g de farine de riz
1 œuf
2 c. à c. de levure
1 pincée de sel
150 g de noix de coco fraîche râpée
4 pommes
huile pour friture
sucre glace
crème fraîche ou crème fouettée pour servir

1 Mettre le sucre et l'eau dans une casserole et chauffer doucement en remuant jusqu'à ce que le sucre soit fondu. Porter à ébullition, remuer doucement de 2 à 3 minutes pour obtenir un sirop. Retirer du feu et laisser refroidir.

2 Mélanger la farine de riz, l'œuf, la levure, le sel et la noix de coco dans un saladier pour obtenir une pâte lisse.

3 Verser le sirop sur la pâte et mélanger pour obtenir la pâte à beignets. Laisser reposer pendant 20 minutes. Évider les pommes, les couper en rondelles et les plonger dans la pâte.

4 Chauffer l'huile dans un wok à 180 °C (un dé de pain doit y dorer en 30 secondes). Plonger les pommes bien enrobées de pâte dans la friture, par petites quantités, les retourner pour qu'elles soient bien dorées des deux côtés. Les retirer et les égoutter sur du papier absorbant. Saupoudrer de sucre glace, servir chaud avec de la crème fraîche ou de la crème fouettée.

Conseil
Vous pouvez remplacer les pommes par des morceaux de banane ferme, de mangue ou de poire.

Tentations sucrées

Pommes au caramel à la mode de Pékin

Préparation : 15 minutes
Cuisson : de 15 à 20 minutes

Pour 4 personnes

125 g de farine
1 œuf
10 cl d'eau
60 cl d'huile de tournesol
4 pommes croquantes épluchées, vidées et coupées en tranches épaisses

SIROP :
6 c. à s. de sucre
1 c. à s. d'huile de tournesol
2 c. à s. d'eau
3 c. à s. de golden syrup

1 Préparer la pâte à frire en mélangeant la farine, l'œuf et l'eau. Chauffer l'huile dans un wok à 180 °C (un dé de pain doit y dorer en 30 secondes).

2 Tremper les tranches de pomme dans la pâte, les plonger dans l'huile par petites quantités et les faire frire pendant 2 minutes. Les retirer du wok et les égoutter sur du papier absorbant.

3 Préparer le sirop : chauffer le sucre dans une grande casserole, ajouter l'huile et l'eau. Faire fondre le sucre à feu modéré puis laisser frémir pendant 5 minutes, en remuant constamment. Ajouter le golden syrup et faire bouillir jusqu'à ce que le sirop forme des fils cassants quand on le plonge dans de l'eau glacée.

4 Mettre les tranches de pomme dans le caramel. Retourner toutes les tranches une par une, pour bien les enrober de caramel. Les enlever avec une écumoire et les plonger dans de l'eau glacée. Les retirer rapidement de l'eau et servir.

À savoir
Ces délicieux morceaux de pommes enrobés d'un exquis caramel croustillant sont un célèbre dessert servi dans les restaurants chinois du monde entier.

Tentations sucrées

Beignets de riz à la noix de coco et à la vanille

Préparation : 10 minutes
Cuisson : de 8 à 10 minutes

Pour 4 à 6 personnes

165 g de riz à grains mi-longs cuit
2 œufs battus
3 c. à s. de sucre semoule
½ c. à c. d'essence de vanille
50 g de farine
1 c. à s. de levure
1 pincée de sel
25 g de noix de coco séchée
huile pour friture
sucre glace

1 Mélanger le riz, les œufs, le sucre semoule et la vanille dans une jatte. Tamiser la farine, la levure et le sel et les incorporer au mélange, ainsi que la noix de coco.

2 Chauffer l'huile dans un wok à 180 °C (un dé de pain doit y dorer en 30 secondes). Y plonger des cuillerées à soupe du mélange, une par une. Faire frire les beignets jusqu'à ce qu'ils soient bien dorés. Les égoutter sur du papier absorbant.

3 Transvaser les beignets sur un plat chaud. Les saupoudrer généreusement de sucre glace et servir chaud.

Conseil
Pour faire des beignets de riz à la mangue, incorporez la chair finement hachée de ½ mangue dans le mélange au moment où vous ajoutez les œufs.

Tentations sucrées

Boulettes frites de patate douce aux fruits confits et aux graines de sésame

Préparation : 10 minutes
Cuisson : de 25 à 30 minutes

Pour 4 à 6 personnes

500 g de patates douces
125 g de farine de riz
50 g de sucre roux
125 g de fruits confits hachés
50 g de graines de sésame légèrement grillées
huile pour friture

1 Faire cuire les patates douces à l'eau bouillante pendant 20 minutes, jusqu'à ce qu'elles soient tendres. Les égoutter et les éplucher. Réduire la chair en purée en incorporant, petit à petit, la farine de riz et le sucre. Ajouter les fruits confits.

2 Avec les mains humides, confectionner des boulettes de la taille d'une noix et les rouler dans les graines de sésame.

3 Chauffer l'huile dans un wok à 180 °C (un dé de pain doit y dorer en 30 secondes). Y faire frire les boulettes de 5 à 7 minutes, jusqu'à ce qu'elles soient bien dorées. Les égoutter sur du papier absorbant et servir chaud.

À savoir
La chair des patates douces est blanche ou orange. La couleur orange est plus jolie, mais vous pouvez utiliser les deux variétés pour ce dessert.

Bananes frites au caramel

Préparation : 15 minutes
Cuisson : 10 minutes

Pour 4 personnes

4 bananes
60 g de noisettes grillées et finement hachées
25 g de chapelure fraîche
huile pour friture

SAUCE :
20 g de beurre
150 g de sucre roux
4 c. à s. d'eau
30 cl de lait de coco (voir page 156)

1 Éplucher les bananes, les couper en deux dans le sens de la longueur et couper à nouveau chaque morceau en deux. Mélanger les noisettes et la chapelure dans un plat. Enrober les bananes de ce mélange, en pressant pour qu'il y adhère bien.

2 Préparer la sauce : chauffer tous les ingrédients dans une petite casserole à fond épais, en remuant, pour obtenir un caramel.

3 Chauffer de l'huile dans un wok à 180 °C (un dé de pain doit y dorer en 30 secondes). Y faire frire les morceaux de banane par petites quantités pendant 2 minutes, jusqu'à ce qu'ils soient bien dorés. Les égoutter sur du papier absorbant. Pour servir, disposer les morceaux de banane sur des assiettes et les arroser de caramel chaud.

Conseil
Pour griller les noisettes, faites-les revenir dans un wok chaud, en remuant constamment, jusqu'à ce qu'elles foncent légèrement.

Tentations sucrées

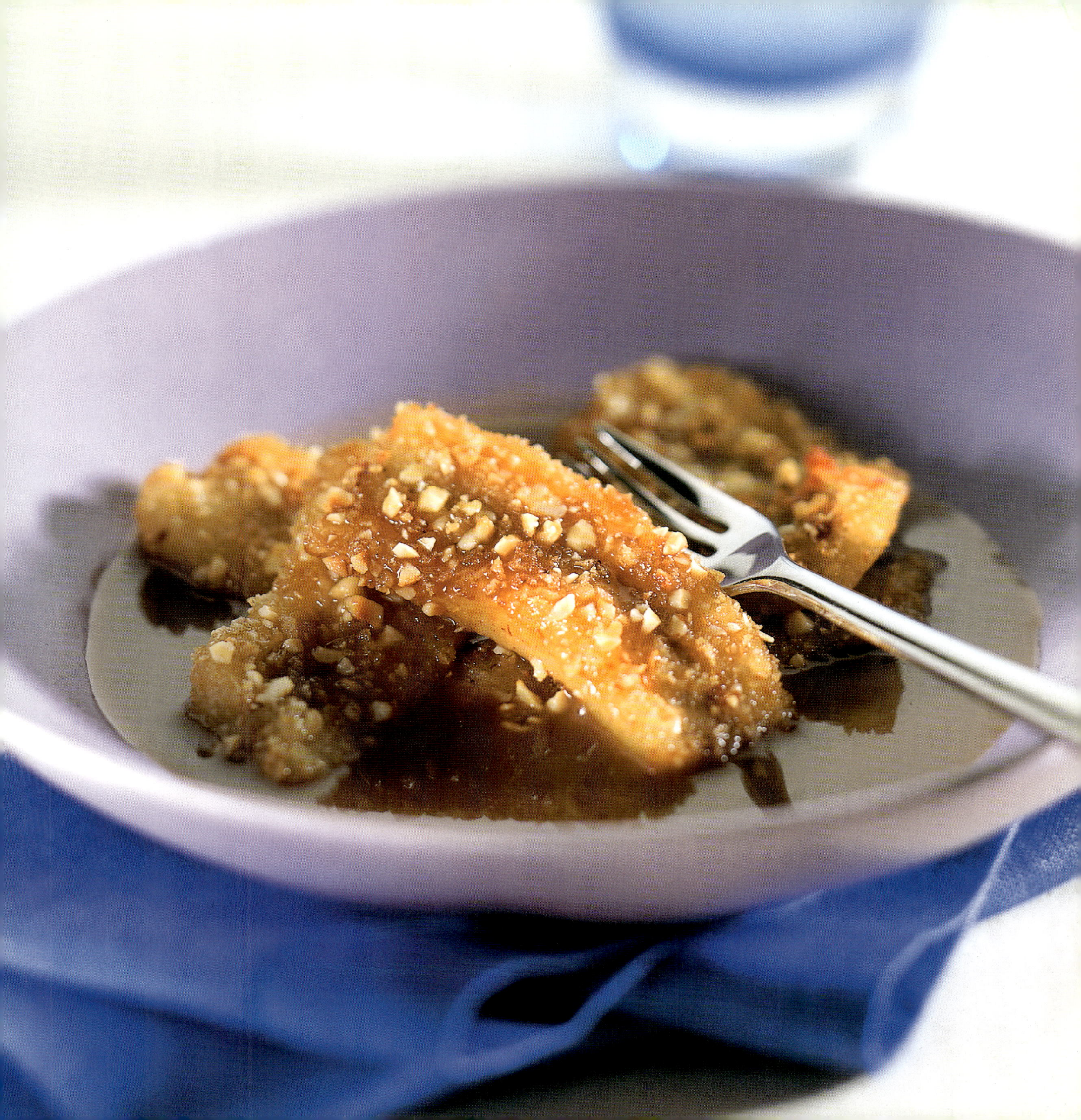

Bananes frites à l'indonésienne

Préparation : 10 minutes
Cuisson : 15 minutes

Pour 4 à 6 personnes

150 g de farine à lever
1 c. à s. de tapioca ou de farine
200 g de farine de riz
1 c. à c. de zeste de citron vert finement râpé
2 c. à c. de sucre semoule
40 cl d'eau
huile pour friture
8 à 10 bananes coupées en deux dans la longueur
sucre glace

1 Préparer la pâte à beignets : tamiser la farine à lever, le tapioca et la farine de riz dans un saladier. Ajouter le zeste de citron et le sucre semoule. Incorporer l'eau petit à petit et battre pour obtenir une pâte lisse.

2 Chauffer l'huile dans un wok à 180 °C (un dé de pain doit y dorer en 30 secondes). Plonger les demi-bananes dans la pâte à frire et les faire glisser directement dans l'huile chaude. Faire frire 6 demi-bananes à la fois, en les retournant une fois, jusqu'à ce qu'elles soient croustillantes et dorées. Les retirer du wok avec une écumoire et les égoutter sur du papier absorbant.

3 Saupoudrer les demi-bananes de sucre glace et servir immédiatement.

Conseil
Ces délicieux beignets, appelés *Pisang Goreng*, seront meilleurs si vous utilisez des bananes fermes. Vous pouvez également employer des bananes plantains.

Tentations sucrées

Petites crêpes à la pâte de haricots rouges

Préparation : 10 minutes
Cuisson : 20 minutes

Pour 8 personnes

12 petites crêpes
12 c. à s. de pâte de haricots rouges sucrée
30 cl environ d'huile d'arachide
sucre

1 Placer une petite crêpe sur une planche ou un plan de travail et étaler 1 cuillerée à soupe de pâte de haricots rouges au centre. Badigeonner le pourtour de la crêpe avec de l'eau, replier le bord inférieur sur la garniture. Replier les deux bords latéraux vers le centre, puis le bord supérieur par-dessus. Recommencer avec les crêpes restantes.

2 Chauffer l'huile dans un wok à 180 °C (un dé de pain doit y dorer en 30 secondes). Y faire frire les crêpes, une par une, de 1 à 2 minutes en les retournant une fois, jusqu'à ce qu'elles soient croustillantes et dorées des deux côtés. Les égoutter sur du papier absorbant puis les couper en deux. Saupoudrer généreusement les demi-crêpes de sucre. Servir chaud.

À savoir
Les crêpes utilisées pour cette recette sont les mêmes que celles servies avec le canard à la mode de Pékin. Vous pouvez remplacer la pâte de haricots rouges par de la purée de marrons sucrée.

Tentations sucrées

C'est la fête !

Il est toujours facile et convivial de manger à l'asiatique, car les repas sont des moments de plaisir et de détente. Les plats ne sont pas présentés en ordre établi (entrée, plat principal et dessert) : ils sont tous posés en même temps sur la table, très souvent avec une soupe, et chacun se sert à sa guise. Servir tous les plats ensemble rend la cuisine asiatique très amusante, et cela permet d'improviser si un ou deux invités supplémentaires se présentent : il suffit d'ajouter simplement du riz ou des nouilles chinoises.

Les mélanges et les associations

Bien que les différentes cuisines au wok aient beaucoup de points communs, elles ont toutes leurs traditions. Lorsque vous décidez d'organiser une fête asiatique, il n'est pas indispensable de vous conformer strictement à la tradition pour choisir les recettes, décorer la table et servir la nourriture et les boissons. Sentez-vous libre de mélanger et d'associer les tendances qui vous conviennent à vous et à vos invités. Vous pouvez décider d'ajouter une touche occidentale à un repas oriental en servant une soupe en début de repas, par exemple, ou d'associer les saveurs thaïlandaises et les baguettes chinoises.

L'organisation du menu

Servir tous les plats en même temps ne veut pas dire qu'un repas asiatique relève du hasard. Au contraire, les plats doivent être soigneusement choisis pour être complémentaires et donner une impression idéale d'harmonie et d'équilibre. Les contrastes de goût (sucré, aigre, salé, amer, piquant), de couleur, d'aspect et de consistance sont très importants.

Quand vous préparez à manger pour un grand nombre de personnes, augmentez le nombre de plats plutôt que la quantité d'ingrédients : le repas sera encore plus varié. Étant donné que les plats sautés requièrent une attention constante et qu'ils doivent être servis dès qu'ils sont prêts, il vous sera plus facile de n'en préparer que deux et de les présenter avec des préparations que vous pouvez confectionner un peu à l'avance, par exemple des plats à la vapeur, braisés, rôtis ou des plats froids. Pour un bon équilibre, ajoutez des plats avec du poisson, de la volaille, du tofu, du porc ou du bœuf. En complément, choisissez bien les plats de légumes, de riz et de nouilles chinoises (voir pages 138 et 139 pour des suggestions de menus).

Les desserts tels qu'ils sont connus en Occident sont rares dans les menus asiatiques, sauf en des occasions très spéciales.

Les fruits tropicaux frais, comme les litchis et les mangues, sont plus courants à la fin d'un repas.

Les boissons

La bière est un bon choix pour accompagner un repas asiatique et beaucoup de marques de bière sont aujourd'hui disponibles hors de leur pays d'origine. Si vous voulez servir du vin avec le repas, choisissez un vin rouge ou blanc, léger et fruité, ou du vin chinois, mais sachez que la plupart des vins provenant de Chine sont à base de grains, et non de raisins, et que leur degré d'alcool est très élevé. Si vous préférez, servez du thé avec votre repas ; le thé au jasmin est toujours apprécié. Préparez une théière et servez le thé dans des petites

Tentations sucrées

Comment utiliser les baguettes

1 Prenez une baguette, de préférence en bois ou en bambou – les baguettes en plastique ont tendance à glisser –, et placez-la dans le creux situé entre le pouce et l'index, la partie inférieure étant posée entre les extrémités de vos troisième et quatrième doigts. Cette baguette ne bougera pas.

2 Tenez l'autre baguette entre les extrémités de l'index et du majeur, l'extrémité du pouce la maintenant en place.

3 Sans bouger la baguette inférieure, approchez-en la baguette supérieure en utilisant votre index, jusqu'à ce que leurs extrémités se touchent et que vous puissiez attraper un morceau de nourriture.

4 Utiliser des baguettes demande de l'entraînement : si vous n'y arrivez pas, n'hésitez pas à utiliser une fourchette ou une cuillère, pour ne pas vous priver de mets succulents.

tasses sans sucre ni lait. Pour un repas chinois, il est plus courant de servir le thé à la fin du repas, pour aider à la digestion.

La mise en scène

Il est très simple de mettre en scène un repas asiatique, et vous trouverez de nombreuses idées dans les magasins orientaux. Vous pourrez acheter des banderoles bon marché, des éventails, des bougies parfumées, des bâtonnets d'encens et des lanternes en papier pour décorer toute la pièce, ainsi que des petits articles pour la table, des dragons chinois en papier, des ombrelles en papier ou des petits bouddhas. Vous pourrez même fabriquer vos origamis pour décorer la place de chaque invité. Placez un bol rempli d'eau avec des bougies flottantes et des fleurs exotiques en centre de table, et disposez des porte-bougies en verre transparent ou décorés de motifs orientaux tout le long de la table. Disposez un set en hessian, en raphia ou en bambou pour chacun des convives et parsemez la nappe avec de l'anis étoilé, des bâtons de cannelle, de la citronnelle, des brins de coriandre ou des feuilles de citron vert. Utilisez, si possible, de la vaisselle orientale et placez des baguettes à côté de chaque plat ou bol, en les attachant par paires avec un ruban étroit ou du raphia. Enveloppez des petits gâteaux porte-bonheur dans de la Cellophane, attachez-les avec du raphia et accrochez une étiquette décorée de motifs chinois avec le nom d'un invité : chacun saura ainsi où s'asseoir.

Tentations sucrées   151

Chapitre 8
Préparations de base

Pour que vous puissiez réaliser des plats
à la fois authentiques et délicieux avec votre
wok, voici les indispensables recettes
de bouillons et de sauces, de pâtes de curry,
d'assaisonnements et de garniture de base.

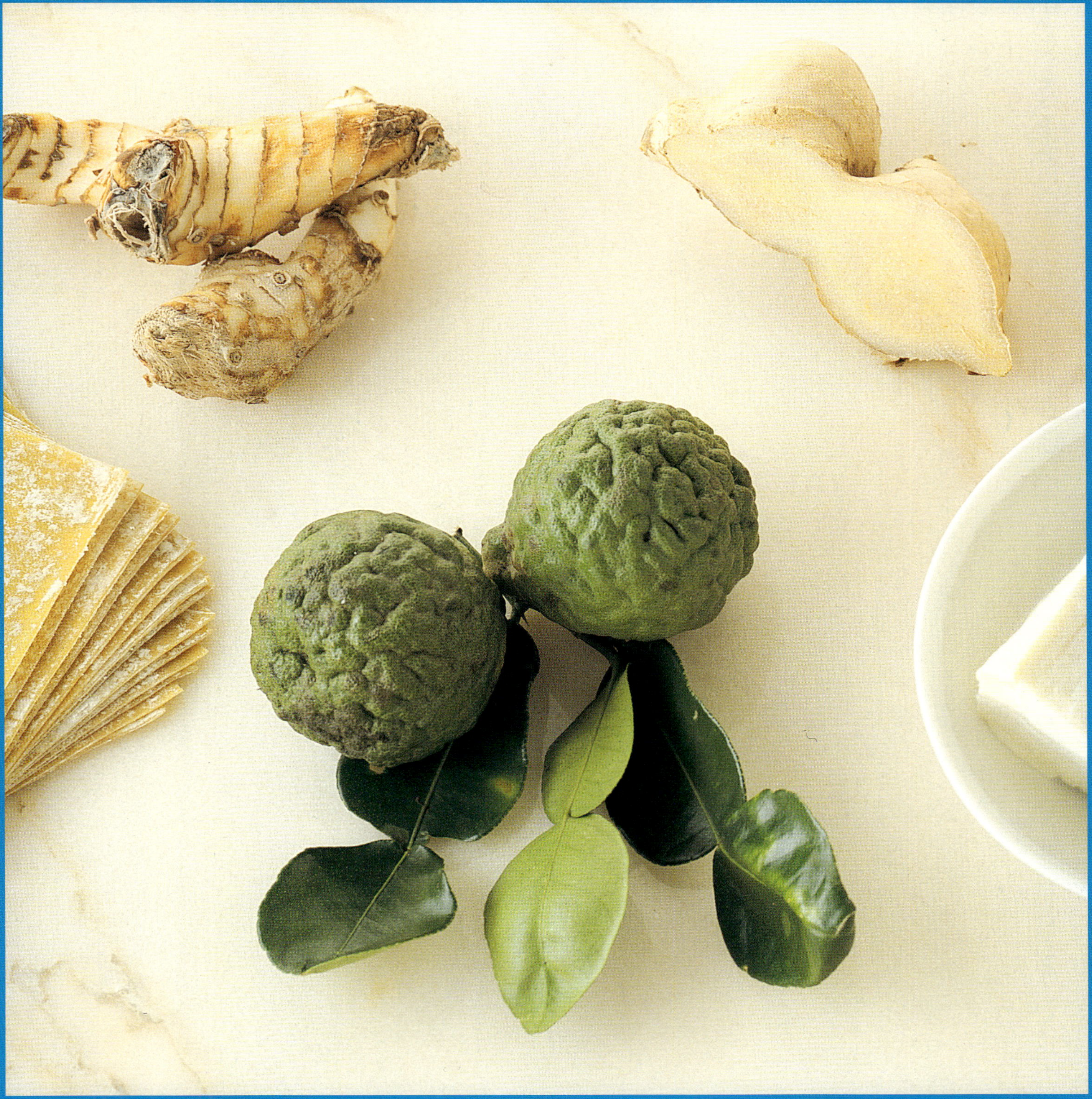

Fumet de poisson

Préparation : 10 minutes
Cuisson : 20 minutes

Pour 1,8 l environ

1,5 kg de parures de poisson non gras
1 oignon haché grossièrement
le blanc de 1 petit poireau haché
1 branche de céleri grossièrement hachée
1 feuille de laurier
6 brins de persil
10 grains de poivre
47,5 cl de vin blanc sec
1,8 l d'eau

1 Mettre tous les ingrédients dans une grande casserole. Porter à ébullition puis réduire immédiatement le feu pour obtenir un petit frémissement.

2 Laisser cuire pendant 20 minutes, en écumant. Passer le fumet dans un chinois-étamine et le laisser refroidir avant de placer au réfrigérateur.

Bouillon de volaille

Préparation : de 5 à 10 minutes
Cuisson : 2 heures 30 environ

Pour 1 litre

1 carcasse de poulet cuit coupée en morceaux
abattis et parures de poulet cru
1 oignon grossièrement haché
2 grosses carottes grossièrement hachées
1 branche de céleri grossièrement hachée
1 feuille de laurier
quelques brins de persil
1 branche de thym
1,8 l d'eau

1 Mettre tous les ingrédients dans une grande casserole. Porter à ébullition, en écumant.

2 Baisser le feu et laisser cuire à petit frémissement de 2 h à 2 h 30. Passer le bouillon dans un chinois-étamine et le laisser refroidir avant de le mettre au réfrigérateur.

Bouillon de bœuf

Préparation : 15 minutes
Cuisson : 4 heures 30

Pour 1,5 l environ

750 g de jarret de bœuf coupé en cubes
2 oignons grossièrement hachés
2 ou 3 carottes grossièrement hachées
2 branches de céleri grossièrement hachées
1 feuille de laurier
1 bouquet garni
6 grains de poivre
1,8 l d'eau
½ c. à c. de sel

1 Mettre les ingrédients dans une casserole. Porter à ébullition, puis réduire le feu pour obtenir un petit frémissement.

2 Couvrir et laisser cuire pendant 4 heures, en écumant. Passer le bouillon dans un chinois-étamine et le laisser refroidir avant de le placer au réfrigérateur.

Bouillon de légumes

Préparation : 10 minutes
Cuisson : 45 minutes

Pour 1 litre environ

500 g de légumes variés (carottes, poireaux, céleri, oignon, champignons) coupés en morceaux
1 gousse d'ail
6 grains de poivre
2 brins de persil
2 branches de thym
1 feuille de laurier
1,2 l d'eau

1 Mettre tous les ingrédients dans une grande casserole. Porter à ébullition puis réduire immédiatement le feu pour obtenir un petit frémissement.

2 Laisser cuire pendant 30 minutes, en écumant si nécessaire. Passer le bouillon dans un chinois-étamine et le laisser refroidir avant de le mettre au réfrigérateur.

Pâte de curry rouge

Préparation : 15 minutes

10 gros piments rouges frais, pédoncule ôté
2 c. à c. de graines de coriandre
1 morceau de racine de galanga ou de gingembre frais de 5 cm épluché et finement haché
1 tige de citronnelle finement hachée
4 gousses d'ail coupées en deux
1 échalote grossièrement hachée
1 c. à c. de jus de citron vert
2 c. à s. d'huile d'arachide

1 Mixer tous les ingrédients ensemble pour obtenir une pâte épaisse. On peut aussi les piler dans un mortier avec un pilon.

2 Placer la pâte dans un récipient hermétique et la conserver au réfrigérateur jusqu'à 3 semaines.

Pâte de curry verte

Préparation : 15 minutes

15 petits piments verts frais
4 gousses d'ail coupées en deux
2 tiges de citronnelle finement hachées
2 feuilles de lime de Cafre coupées en morceaux
2 échalotes grossièrement hachées
50 g de feuilles, de tiges et de racines de coriandre
1 morceau de racine de galanga ou de gingembre frais de 2,5 cm épluché et finement haché
2 c. à c. de graines de coriandre
1 c. à c. de grains de poivre noir

1 c. à c. de zeste de citron vert
½ c. à c. de sel
2 c. à s. d'huile d'arachide

1 Mixer tous les ingrédients ensemble pour obtenir une pâte épaisse. On peut aussi les piler dans un mortier avec un pilon.

2 Placer la pâte dans un récipient hermétique et la conserver au réfrigérateur jusqu'à 3 semaines.

Pâte de curry jaune

Préparation : 15 minutes

1 morceau de racine de galanga ou de gingembre frais de 2,5 cm épluché et finement haché
1 tige de citronnelle finement hachée
2 échalotes grossièrement hachées
3 gousses d'ail coupées en deux
2 c. à c. de curcuma moulu
1 c. à c. de coriandre moulue
1 c. à c. de cumin moulu
1 c. à c. de pâte de crevettes
½ c. à c. de poudre de piment

1 Mixer tous les ingrédients ensemble pour obtenir une pâte épaisse. On peut aussi les piler avec un mortier et un pilon.

2 Placer la pâte dans un récipient hermétique et la conserver au réfrigérateur jusqu'à 3 semaines.

Mélange d'ail et de coriandre

Préparation : 5 minutes

2 c. à s. d'ail écrasées
2 c. à s. de tiges de coriandre hachées
½ c. à c. de poivre

1 Mettre tous les ingrédients dans un mortier et les écraser avec un pilon pour obtenir une pâte épaisse.

Préparations de base

Lait et crème de coco

Préparation : 5 minutes
Cuisson : 15 minutes

400 g de noix de coco râpée ou séchée
90 cl de lait

1 Mettre la noix de coco et le lait dans une casserole. Porter à ébullition. Réduire le feu et laisser frémir jusqu'à ce que le mélange ait réduit de 1/3, en remuant de temps en temps.

2 Égoutter en recueillant autant de liquide que possible. Transvaser le lait dans une jatte et le mettre au réfrigérateur.

3 Quand la préparation est froide, retirer la couche épaisse en surface : la crème. Le liquide restant est le lait de coco.

Jus de tamarin

Préparation : 10 minutes
Cuisson : 5 minutes

1 c. à s. de pâte de tamarin
4 c. à s. d'eau

1 Mettre la pâte de tamarin et l'eau dans une petite casserole et bien mélanger pour diluer la pâte. Chauffer jusqu'à ce que l'eau frémisse, retirer la casserole du feu et laisser refroidir. Filtrer dans un chinois en pressant, pour laisser passer le plus de pâte possible et obtenir un liquide épais.

Sauce au vinaigre et à la sauce soja

Préparation : 2 minutes

3 c. à s. de vinaigre d'alcool blanc ou de vinaigre de vin de riz
3 c. à s. de sauce soja noire
1½ c. à c. de sucre
2 petits piments rouges frais finement émincés

1 Mélanger tous les ingrédients dans un bol et remuer jusqu'à ce que le sucre soit complètement dissous.

Sauce aux piments

Préparation : de 3 à 4 minutes
Cuisson : de 10 à 15 minutes

8 piments rouges frais hachés
4 gousses d'ail écrasées
1 c. à s. de sauce de poisson thaïe (nam pla)
2 c. à c. de sucre
2 c. à s. de jus de citron vert ou de citron
½ c. à c. de sel
12,5 cl d'eau
2 c. à s. d'huile d'arachide

1 Mettre les piments, l'ail, la sauce de poisson thaïe, le sucre, le jus de citron vert ou de citron et le sel dans une petite casserole. Ajouter l'eau et l'huile en remuant. Porter à ébullition, réduire le feu et laisser frémir doucement de 10 à 15 minutes. Mixer le mélange pour obtenir une pâte lisse. Conserver dans un bocal hermétique, au réfrigérateur, jusqu'à 2 semaines.

Sauce sucrée pimentée

Préparation : 1 minute
Cuisson : de 1 à 2 minutes

12,5 cl de vinaigre d'alcool blanc ou de vinaigre de vin de riz
75 g de sucre de palme ou de sucre roux
½ c. à c. de sel
1 petit piment vert frais finement haché
1 petit piment rouge frais finement haché

1 Verser le vinaigre dans une petite casserole et faire chauffer à feu modéré. Ajouter le sucre et le sel et laisser cuire en remuant jusqu'à ce que le sucre soit dissous. Retirer du feu et laisser refroidir.

2 Verser la sauce dans un petit bol et ajouter les piments hachés.

Échalotes frites croustillantes

Préparation : 5 minutes
Cuisson : 5 minutes

75 cl environ d'huile d'arachide
25 g d'échalotes finement hachées

1 Chauffer fortement l'huile dans un wok, sans la laisser fumer. Y faire sauter les échalotes de 1 minute à 1 minute 30, jusqu'à ce qu'elles grésillent et soient bien dorées.

2 Les retirer de l'huile avec une écumoire, égoutter le plus d'huile possible, et les étaler sur du papier absorbant pour qu'elles sèchent. Quand les échalotes sont sèches et croustillantes, les conserver dans un récipient hermétique jusqu'à 1 mois. Refroidie, l'huile peut être réutilisée.

Ail frit croustillant

Préparation : 5 minutes
Cuisson : 5 minutes

75 cl environ d'huile d'arachide
25 g d'ail émincé

1 Chauffer fortement l'huile dans un wok, sans la laisser fumer. Y faire sauter l'ail 40 secondes environ, jusqu'à ce qu'il grésille et soit bien doré.

2 Le retirer avec une écumoire, égoutter le plus d'huile possible, et l'étaler sur du papier absorbant pour qu'il sèche. Quand l'ail est sec et croustillant, le conserver dans un récipient hermétique jusqu'à 1 mois. Refroidie, l'huile peut être réutilisée.

Cacahuètes grillées et pilées

Préparation : 5 minutes
Cuisson : 5 minutes

25 g de cacahuètes fraîches

1 Chauffer un wok et y faire sauter les cacahuètes pour les dessécher. Mélanger constamment jusqu'à ce qu'elles deviennent dorées. Retirer du feu et laisser refroidir.

2 Mettre les cacahuètes dans un sac en plastique et, à l'aide d'un rouleau à pâtisserie, les réduire en petits morceaux. Conserver dans un récipient hermétique, au réfrigérateur, jusqu'à 1 mois.

Carrés de pâte à wonton

Préparation : 20 minutes

Pour 18 carrés

50 g de farine + supplément pour le plan de travail
50 g de Maïzena
2 c. à c. de levure
1 pincée de sel
1 œuf légèrement battu
2 c. à s. d'eau

1 Tamiser la farine, la Maïzena, la levure et le sel dans un bol et faire un puits au milieu. Ajouter l'œuf et l'eau et mélanger pour obtenir une pâte ferme.

2 Mettre la pâte sur une surface farinée et pétrir jusqu'à ce qu'elle soit bien souple. Travailler rapidement pour que la pâte ne colle pas au plan de travail et qu'il ne soit pas nécessaire de le saupoudrer à nouveau de farine. Diviser la pâte en deux, envelopper une moitié dans du film alimentaire et continuer à travailler l'autre.

3 Étaler la première moitié sur une surface bien farinée, avec un rouleau à pâtisserie, jusqu'à ce qu'elle soit très fine, de façon à former un carré de 25 cm de côté. Plus la pâte sera fine, meilleur sera le résultat ; veiller cependant à ne pas la casser, car un trou serait difficile à reboucher.

4 Parer les bords et découper la pâte en 9 petits carrés. Les étaler chacun au rouleau à pâtisserie, pour qu'ils soient très fins et aient 10 cm de côté environ. Les envelopper dans du film alimentaire, pour éviter qu'ils ne sèchent. Renouveler ces opérations avec la pâte restante.

Préparations de base

Index

A
accompagnement
  sauces 31, 156
agneau
  croustillant et salade 121
  à la sauce piquante 112
  de printemps sauté à l'ail 48
aigre-douce
  poisson 80
  sauce 88
ail 74
  croustillant frit 157
  mélange à l'ail 155
allégée
  cuisine au wok 54, 55
  viande 55
ananas
  canard à l'ananas 88
arrow-root 98
artichauts
  aux poivrons rouges 30
aubergines
  braisées 106
  et porc sauté 87

B
baguettes 151
bananes
  frites à l'indonésienne 148
  frites au caramel 146
beignets 75
  de bananes 148
  de pommes à la noix de coco 142
  de riz à la noix de coco 146
bettes chinoises 74
bœuf
  filet aux graines de sésame 133
  salade thaïlandaise au bœuf épicé 132
  sauté aux haricots mange-tout 46
  sauté à la sauce d'huître 90
  à la tangerine 134
boissons 150
bon-bon
  poulet bon-bon au sésame 64
bouillon 154
  bœuf 154
  légumes 154
boulettes frites aux patates douces 145

braiser 9, 55
  aubergines braisées 106
brocolis
  crevettes aux brocolis 23

C
cacahuètes grillées 26, 78, 157
Cachemire
  poulet de Cachemire 62
calmars
  et nouilles 135
  aux poivrons verts 41
canard
  sauté à la mangue 128
  à l'ananas 88
  curry de canard 111
  sauté aux champignons chinois 83
  à la thaïlandaise 61
  salade chaude au canard 129
cantonaise
  porc à la cantonaise 65
caramel
  bananes au caramel 146
  porc au caramel 86
  sauce 116
Cafre
  feuilles de lime de Cafre 74, 75
champignons 50, 83
  séchés 116
  oreilles de nuage, de bois 116
châtaignes d'eau 75, 99
chaude
  salade chaude au canard 129
choix de menus 138, 139
chop suey
  poulet chop suey 127
chou blanc
  lanières de chou croustillantes 17
  salade 92
chow mein 60
cinq-épices
  poudre de 65, 116
citron 11, 40, 126
citronnelle 91, 110
concombre 11
coriandre 74
  assaisonnement 18
crabe
  à la mode de Singapour 125
  gâteaux de crabe 22

crêpes
  à la pâte de haricots rouges 149
crevettes
  aux brocolis 23
  en curry à la citronnelle 110
  curry à la noix de coco 105
  frites 38
  avec nouilles chinoises 39
  avec nouilles et poulet 97
  en rouleaux croustillants 122
  sautées avec noix de Saint-Jacques 82
croustillant
  agneau croustillant aux feuilles de laitue 121
  ail croustillant 157
  lanières de chou croustillantes 17
  échalotes croustillantes 157
  riz croustillant 31
  rouleaux croustillants aux crevettes 122
curry
  de canard 111
  de crevettes à la citronnelle 110
  de crevettes à la noix de coco 105
  de pommes de terre nouvelles 94
  de poulet à la citronnelle 110
  de poulet birman aux nouilles transparentes 84
  sayur kari 114, 115
  poulet à la thaïlandaise et pâte de curry 61
  pâtes de curry 155

D
décorations 10, 11
douces
  boulettes de patates douces aux fruits confits 145

E
échalotes
  frites croustillantes 157
épicé
  galettes de poisson épicées 103
  poulet épicé sauce satay 26
  riz épicé aux piments 93
épinards
  foie sauté aux épinards et au gingembre 49

F
faire bouillir 9
faire frire 9, 17
faire sauter 32, 33
farcie
  omelette 27
fenugrec
  samosas de pommes de terre et fenugrec 24
fête
  c'est la fête 150, 151
flétan
  frit à la vietnamienne 124
foie
  sauté aux épinards et au gingembre 49
fruits à écale 4, 99
  cacahuètes grillées 26, 78, 157
  noisettes grillées 146
  poulet aux noix de cajou 42
friture
  beignets de pommes à la noix de coco 142
  bouchées au porc 45
  boulettes de patates douces frites 145
  nouilles sautées
    à la thaïlandaise 71
  papillotes de poisson frites 123
  wonton frits 16

G
galanga 74
galettes de poisson épicées 103
germes de soja 74
gingembre 74
  poulet au gingembre et au miel 43
graines 99
grillées
  cacahuètes 157
  graines de sésame 64
  noisettes 146
  noix de coco 109

H
haricots noirs
  fermentés 116
  sauce 81, 116
haricots de soja jaunes
  sauce 117

haricots verts au sambal 113
huile 10, 54, 60
hoisin
   sauce 116

I

indonésienne
   bananes frites 148
   poulet à l'orange 60

L

lait de coco
   riz au lait de coco 64
laksa 68
Laos, poudre du 74
légumes
   à la citronnelle 91
   bouillon 154
   en cuisson allégée 55
   minis-épis de maïs 74
   minis-légumes sautés 136
   avec noix de saint-jacques 82
   sautés 53, 82
   pakoras 18
lime
   feuilles de lime de Cafre 74
lotte 36

M

maïs, minis-épis 74
mange-tout
   et bœuf sauté 46
mangues 128, 132, 144
marinades 116, 117, 128, 134
minis-légumes
   minis-épis de maïs 74
   sautés, sauce à l'orange et sauce d'huître 136
miso, pâte 98, 99

N

nam pla 116
noisettes grillées 146
noix de cajou
   poulet aux noix de cajou 42
noix de coco
   grillée 109
   lait et crème 74, 156
nouilles 75
   allégées 54
   aux légumes et au tofu 96
   aux œufs, sautées 135
   au poulet et aux crevettes 97
   à la thaïlandaise 71

transparentes 14, 84
   de Singapour 70
   soupe aux nouilles et au poulet 78
nord
   salade thaïlandaise à la mode du nord 28

O

omelette
   lanières 93
   farcie 27
orange
   porc glacé 130
   poulet à l'indonésienne 60
   orange et sauce d'huître 136
   sauce 60

P

pak-choï 75
   à l'ail et à la sauce d'huître 52
pakoras
   légumes 18
papaye 75, 132
patates douces
   boulettes frites 145
pâtes de, 98, 99, 105, 116, 149
pâte de crevettes 117
pâte de curry
   jaune 155
   rouge 155
   verte 155
pâte de haricots rouges 117
petits oignons
   pompons 11
piments 74, 139
   fleurs en piment 11
   huile pimentée 116
   sauce aux haricots de soja et aux piments 116
   poulet à la sauce aux haricots noirs 108
   riz épicé aux piments 93
   sauce sucrée pimentée 116, 156
   séchés 116
pois 99
poisson
   à l'aigre-doux sauce rouge 80
   allégé 55
   calmars aux poivrons 41
   en papillotes frites 123
   flétan frit à la vietnamienne 124
   fumet 154
   galettes de poisson épicées 103
   lotte 36
   noix de saint-jacques au citron et au gingembre 40

sauce aux haricots noirs 81
sauce de poisson thaïe 116
sauté sauce au tamarin 104
sole aux herbes et à la sauce Satay 102
(voir aussi crevettes)
poivre de Sichuan 117
poivrons rouges
   artichauts aux poivrons rouges 30
poivrons verts
   calmars aux poivrons 41
   farcis au porc et au gingembre 21
pommes
   beignets de pommes à la noix de coco 142
   pommes au caramel à la mode de Pékin 143
pommes de terre
   samosas de pommes de terre et fenugrec 24
pommes de terre nouvelles
   curry de pommes de terre nouvelles 94
porc
   à la cantonaise, sauce aigre-douce 65
   au caramel 86
   bouchées sautées 45
   glacé à l'orange 130
   poivrons farcis au porc 21
   sauté aux aubergines 87
poulet
   à l'orange, à l'indonésienne 60
   à la sauce aux piments et aux haricots noirs 108
   à la thaïlandaise 61
   au citron 126
   au gingembre et au miel 43
   aux noix de cajou 42
   aux nouilles et aux crevettes 97
   aux nouilles chinoises 39
   bon-bon 64
   bouillon 154
   chop suey 127
   curry à la citronnelle 110
   curry aux nouilles transparentes 84
   du Cachemire 62
   épicé sauce Satay 26
   laksa 68
   shakuti 109
   rouleaux vietnamiens 20
   sauté aux aubergines 87
   sauté aux shiitake 83
   sauté au sésame 44
   soupe de poulet au lait de coco 120

soupe aux nouilles et au poulet mariné 78
protéines végétales texturisées
   tvp 98
prunes
   sauce 117, 121
purée d'épices 105

R

racines de bambou 74
radis roses 11
raviolis
   wonton aux crevettes 58
   wonton vietnamiens 79
recette rapide
   crevettes frites 38
riz 10, 31
   allégé 54
   au lait de coco 67
   beignets de riz à la noix de coco 144
   croustillant 31
   sauté épicé aux piments 93
   sauté aux œufs 66
   vin 117
   vinaigre de vin 117
rouge
   sauce rouge 80
rouleaux de printemps 15

S

saint-jacques
   au citron et au gingembre 40
   et crevettes sautées aux légumes 82
   à la sichuanaise 59
salade
   chaude au canard 129
   de chou 92
   thaïlandaise au bœuf épicé 132
   thaïlandaise à la mode du nord 28
sambal
   haricots verts au sambal 113
samosas
   de pommes de terre et fenugrec 24
Satay
   poulet épicé sauce satay 26
sauces
   accompagnement 31, 156
   aigre-douce 38
   caramel 146
   citron 126
   épicée pimentée 112
   haricots noirs 81
   hoisin 116
   orange 60, 136

Index   159

orange et huître 136
pimentée 156
Satay 26, 102
shoyu 99
soja 99, 116, 117, 156
sucrée pimentée 156
sauté, méthode 9, 32, 33
sauté
   agneau de printemps 48
   bœuf aux haricots mange-tout 46
   canard à la mangue 128
   champignons 50, 51
   foie aux épinards 49
   légumes chinois 53
   légumes sautés 72, 73
   minis-légumes 136
   porc aux aubergines 87
   poulet aux champignons noirs 83
   poulet au sésame 44
sayur kari 114, 115
seitan 99
sésame
   poulet sauté 44
sésame, graines
   assaisonnement 67

grillées 64
pâte 117
Shakuti
   poulet 109
shanghai
   légumes sautés 72, 73
shiitake 116
   bœuf sauté à la sauce d'huître 90
   légumes chinois sautés 53
   poulet sauté aux 83
   rouleaux vietnamiens 20
shoyu sauce 99
Sichuan
   coquilles Saint-Jacques 59
   poivre 117
Singapour
   crabe à la mode de 125
   nouilles sautées 70
soja 98
   sauce 99, 116, 117, 156
soja et vinaigre
   sauce 156
sole
   aux herbes et sauce Satay 102
soupes
   aux nouilles transparentes 14

au nouilles et au poulet mariné 78
au poulet et lait de coco 120
sucre de palme 117
sucrée pimentée 156

T
tamari, sauce 99
tamarin
   jus 156
   pâte 117
   sauce 104
tangerine
   bœuf à la tangerine 134
tempeh 98
thaïlandaise
   nouilles sautées 71
   omelette farcie 27
   poulet à la thaïlandaise 61
   salade à la mode du nord 28
   sauce de poisson thaïe 116, 117
tofu 75, 98, 114
   nouilles aux légumes 96
   sayur kari 114, 115
tomates
   épluchage 27
   rose en tomate 11

V
vapeur
   cuisson 9, 54, 55
vietnamiens, plats
   cuisine allégée 55
   curry de légumes 114
   minis-légumes sautés sauce orange et huître 136
   nouilles aux légumes et au tofu 96
végétarien
   chow mein 69
   cuisine 5, 98, 99
vinaigre de vin de riz 117

W
wok 6, 9
wonton
   frits 16
   galettes 16, 75, 157

Z
zestes d'agrumes séchés 116

Remerciements

Direction éditoriale : Nicola Hill
Responsable éditoriale : Rachel Lawrence
Directeur artistique : Leigh Jones
Concepteur graphique : Jo Tapper
Responsable du contrôle de production : Jo Sim
Recherche photographique : Jennifer Veall
Photographies : David Jordan
Styliste : Mari Mererid Williams
Traduction : Marie-Françoise Boilot-Gidon

Crédits photographiques

Toutes les photos sont de David Jordan sauf :
Octopus Publishing Group Limited – Jean Cazals pp. 42, 65, 69, 102, 127, 141, 145 – Graham Kirk p. 109 – Sandra Lane p. 39 – David Loftus pp. 68, 70, 78 – Neil Mersh p. 15, 16, 26, 97, 101, 103, 111, 119, 122, 142 – Peter Myers pp. 31, 57, 61, 81, 92, 104, 105, 120, 132, 153 – Sean Myers p. 20 – Peter Pugh-Cook p. 130 – William Reavell pp. 41, 94, 150 – Roger Stowell pp. 4 (en bas au centre à gauche), 12, 21 – Ian Wallace pp. 4 (en bas à droite), 5 (en bas au centre à gauche), 5 (en bas au centre à droite), 13, 14 (à gauche), 18, 22, 58, 62, 76, 77, 80, 83 (à droite), 86, 88, 91, 95, 108, 110, 118, 121, 124, 125, 128, 133, 134, 136 (en haut au centre), 151, 152 – Philip Webb p. 17 – Paul Williams p. 48
Leigh Jones 27, 129